複合介護

家族を襲う多重ケア

福井県立大学
看護福祉学部准教授
成田光江

創英社／三省堂書店

はじめに

少子高齢化が進展する日本では、未婚化や晩婚・晩産化、核家族化の進展とともに共働き世帯が増加しています。同時に、個人や家族だけでは解決・改善できないほど多くの問題が家庭内に発生し、それらが連鎖しあい、錯綜しあい、いま、大きな重い塊になって個人や世帯にのしかかっています。

私は個別の支援から地域支援まで、多様な支援活動を行う中で、非常に多くの人が、育児と介護の両立で苦労するだけでなく、ご家族の在宅医療や在宅看護に関する課題、子どもの障害や教育に関する課題、自分や家族の仕事の継続に関する課題が複合した状況に対処できず、疲弊している姿を目の当たりにしてきました。また、これらの人を支える支援者もまた家庭内に複合する課題を抱え、悩み苦しんでいることを知っています。そして年々、このような個人・家族が増えていると感じています。

たとえばこの本を手にされたみなさんの中に、次のような経験をされたり、現在その渦中にいる人はいないでしょうか。

●離れて暮らす親が病気で倒れた。正規職員として働く妻は、育てにくい子どもの生活と学校でのトラブル対応で精一杯だ。自分も妻に協力しながら病気の実母の看護・介護をしている。仕事が大変な時期と重なり、夫婦ともに全く余裕がない。このままでは夫婦ともに、体を壊すかうつになってしまう。

●障害の子どもの修学と親の介護で、自分の健康を気遣う暇がなかった。気がついたら末期がんに侵されていた。治療はどうすればいいのか。自分亡き後の子どもと親をどうすればいいのか……。

●認知症の親の被害妄想、逆上・罵声・罵倒が激しく、子どもの受験にも影響している。施設にお願いしたいが、費用面から難しい。

●中学生の子どもが、いじめで不登校になった。自分の部屋に引きこもった子どもに罵倒され、怖くてかかわれない。受験に失敗した子どもは就職もせず、引きこもりを続けている。

●障害の子どもの子育てと学校教育、病気の親の看護・介護のことで役所に相談しに行ったが、相談窓口をたらいまわしにされて何も解決しない。学校からの呼び出しと、親の入所施設探しに時間をとられ、仕事にも集中できない。仕事を辞めるしかないのか。

●配偶者が、自宅マンションをゴミ屋敷にしようとしている。片づけるよう言うたびに罵詈雑言を浴びせられ、自宅の環境は最悪だ。子どもたちは、とうとう自宅に帰らなくなった。自分が購入してローンを支払っているのに、なぜ子どもたちと一緒に暮らせないのか……。

●孫の世話をしながら同居の義母の看護・介護をしているが、配偶者や親せき、姉妹が何も手伝ってくれない。文句だけ言ってお金も出してくれない。

●妊娠中で体が辛いのに、老老介護中の親から夜間頻回に呼び出される。そのうえ子どもの保育園の送り迎えや家事、仕事で休む暇がなく、心身ともに疲弊している。

●配偶者が植物状態になった。年金だけでは療養病院の費用が払いきれないため親戚に借金したが、それでも足りず娘にも費用を出してもらっている。働きたいが高齢で仕事がなく、自分の生活維持も難しい。
●人工呼吸器を装着した難病の義父の看護・介護方針で、配偶者や親類縁者と意見が衝突した。義父の在宅看護のために退職を要求され、ストレスからうつになった。
●配偶者・親・兄弟の病気・入院治療が重なった。職場と家族の入院先、子どもの保育園の場所が異なり、移動だけで疲労困憊している。職場で居眠りやミスが続き職場に行くのが辛いが、治療費や交通費を考えると辛くても辞められない。
●住宅ローンと子どもの教育費でギリギリなのに、親が病気になり、継続治療・看護・介護費用が必要になった。親の年金だけでは賄えない。

これらは、私が病院や施設、地域で行ってきた医療・福祉相談、NPO法人や大学で実施した「子育て・介護複合課題」実態調査、私自身の経験から明らかになった、家族が抱える課題の実例です。このような家庭の内情は、これまで個別の家族の問題として扱われ、表面化することも社会問題として取り上げられることもありませんでした。

しかし、それらの内情へのケアが家庭内で重なり合い、多重化（多重ケア化）した結果、それらの課題は「複合課題」へとかたちを変え、子どもの健やかな成長発達や勤労世代の就労をさまたげ、高齢者の貧困等にもかかわるようになってきました。

こうなるともはや家庭内の問題ではありません。社会全体で解決に動くべきです。

２０１５年、国は、個人・世帯・地域が抱える複合・複雑化した課題の解決に向け、新たな福祉サービスのシステム等のあり方を検討するプロジェクトを立ち上げました。そして２０１６年には、「我が事・丸ごと」地域共生社会実現本部を設置し、多機関の協働による「地域包括支援体制」の構築に乗り出しています。

しかし、医療法、介護保険法、障害者総合支援法、子ども・子育て支援法、生活困窮者支援法等、これまで縦割のシステムの中で進められてきた支援が、個人・家族が抱える様々な課題の実態に即した地域の支援システムになるまでには、相当な時間を要することが予測されます。

課題はまったなしで発生し、個人・家族を直撃します。もたもたしているうちにどんどん多重化・複雑化していく複合課題を、早急に何とかしなければなりません。

「複合課題」をここではひとまず、「家族それぞれが抱える課題が家庭内で相互に作用しあい、複合化・複雑化することで、家族のちからだけでは解決できなくなった課題」と定義しましょう。そして、多重化・多層化・複雑化した複合課題を抱える家族を「複合課題家族」と呼ぶことにします。そのうえで本書では、

◆複合課題がどのような経緯をたどって多重化・多層化・複雑化するのか。
◆家族が抱える複合課題に、誰がどう対処しているのか。
◆対処の結果、何がどう変わったのか、何が必要だったのか。

等を検討します。そうやって複合課題の諸相とプロセスを明らかにすることで、解決・改善に向けた策を見つけ出します。さらには、複合課題を予防するために今の私たちにできることを理解し、現に課題に苦しんでいる個人や家族を救うための支援のあり方を

提案することを目的としました。

本書の構成は次の通りです。

第1章では、複合課題がうみだされた時代背景や社会構造を、調査データや資料、相談事例等を用いて明らかにしながら、多重ケアをまねく複合課題とは何かを考えます。

第2章では、複合課題をうみだす要因を具体的に明らかにします。複合課題に陥りやすい3つの状況を抽出し、それぞれの特徴をつかむことで、複合課題についてより深い理解を得ます。

第3章は複合課題に陥った家族の実態です。これまで私が支援に携わってきた実際の例や、各種調査研究の知見及びデータをもとに、個人や家族が抱える課題とそれらへのケアが多重化・複雑化して複合課題になっていくプロセスを再現します。要因と要因が連鎖し、足し算ではなく掛け算で問題が複雑・複合化していく様が見てとれると思います。

第4章では少し視野を広げて、もしこのまま複合課題を放置したら社会にどんな影響が出るかを検討します。この章では、複合課題に陥った個人や家族を社会から隔離して切り離せばいいという発想は通用しないことをぜひみなさんに認識していただきたいと思います。

第5章は国の政策や自治体の施策についてです。複合課題をうむ土壌になる社会構造(制度的問題)を分析し、これを解決及び予防するために現在取り組まれている政策を紹介します。そのうえで残る課題についても検討したいと思います。

第6章は「挑戦」の章としました。複合課題を個人や家庭の問題ではなく地域社会全体の問題ととらえて解決に向け挑戦を始めた自治体が、実際に出てきています。カギになるのは「多機関の協働による包括的支援体制」です。自治体行政を動かすのは市民の声です。この章で各地の実践を知ることで勇気を得て、みなさんもそれぞれの地域で声を上げてほしい。その願いを込めて書きました。

本書を通じ、複合課題に陥った個人や家族が適切な対処を受けられるよう、地域からの適切な支援を得ながら複合課題を解決・改善・予防していけるよう、また同時に、未来の社会人、お父さん、お母さんになる子どもたちが、将来的にその人らしく、いきいきと笑顔で仕事と家庭を両立できる社会になるよう、それぞれの立場から一緒に考えることができれば幸いです。

成田光江

2018年5月

複合介護　家族を襲う多重ケア

目次

第2章　家族が複合課題に陥りやすい状況とは

【複合課題に陥りやすい状況3】

第3章　複合課題に陥った家族の実態

第4章　家族の複合課題がもたらす影響と支援のあり方

第5章 家族の複合課題に対処する政策と課題

第6章 動き出した家族の複合課題への挑戦

制作編集協力　オフィスヨシノリ
装幀・ＤＴＰ　山添創平

第1章

多重ケアをまねく複合課題とは何か

ダブルケア（介護と育児の同時進行）

みなさんは、ダブルケアという言葉を知っていますか？

少子高齢化の進展とともに、晩婚・晩産化が進み、育児と介護を両立する「ダブルケア」の問題が指摘されています。ダブルケアは、2012年、横浜国立大学大学院の相馬直子先生と英国ブリストル大学の山下順子先生がつくった造語で、「子育てと介護の同時進行」と定義されています。2016年、内閣府男女共同参画局が実施した「育児と介護のダブルケアの実態に関する調査」では、未就学の育児期にある者（世帯）と、親や障害児・者、配偶者等の介護を同時に担う状態を「ダブルケア」と定義しています。

ダブルケアを行っている者は30代から40代が最も多く、2016年の時点で推定人数は25万人です。この年代の人は勤労者が多いですが、その人たちがダブルケアに直面したときに、仕事の業務量や勤務時間を減らすことで対応した、つまりある程度自身のキャリアを犠牲にして対応した人の割合は、男性2割に対し女性が4割です。そのうち、仕事を辞めて無職になった人は、男性約2・6％に対し女性が17・5％でした。全体的に女性が家族の看護・介護者になっている状況がうかがえます。

もはや「ダブルケア」では収まらない

ダブルケアという言葉がうまれる前の2010年、私は都内のNPO法人と一緒に「子育て介護複合課題」実態調査を行っています。「子育て介護複合課題」とは、その時の私の定義では「子どもや配偶者、老親を看護・介護する主介護者が抱える課題が家庭内で複合している状態」です。私はこの実態調査において、主介護者が行うケアと、その人たちが抱える多くの課題が複合していくプロセスに焦点をあてました。

調査では、NPO法人のホームページや口コミ、個別のネットワーク等をもとに、全国の子育てと介護・看護の両立経験者93名にアンケートを実施し、11名にインタビュー調査を行いました。アンケートからは、主介護者が子育てと介護・看護を両立する中で困っていたり、気配りできていないと感じたりすることとして、特に次の3つが上がりました。

「自分の時間がない」（60・2％）
「自身の心身の健康状態」（53・4％）
「子どもや家族の健康状態」（44・3％）

そんな過酷な状況のなかで頼る相手としては、「配偶者」66・7％や「兄弟・姉妹、親類」42・2％、「親（義理の親含む）」27・8％が上げられています。また、そうやって大変な思いをしながらもケアを継続する理由は、「自分しかやる人がいないから」が33・3％、「自分の親・配偶者だから」が24・7％、「家族が協力・理解してくれたから」が15・8％となっており、自分の身と心を削りながらも、家族の理解と協力に支えられ、必死に子育てや在宅看護・介護を行っている様子が読み取れました。

しかし一方で、切望することとして「ゆっくり寝る」59・3％、「子どもとゆっくりかかわる」52・7％、「一人でボーっとする」34・1％という回答が多く寄せられました。

また、このときのインタビューから私はひとつの違和感を覚えました。多くの課題を一度に抱えて一人で奔走する看護・介護家族の姿が見えてくると、「これはもはやダブルケアの定義に収まらないのではないか」と感じたのです。

「多重ケア」が複雑にからみ合う複合課題

この調査を行うまで私は、たとえ子育てと介護を両立していても、自宅で医療や看護・介護が必要になっても、病院と地域の医療職と福祉職が家族と協力してみんなで退院後の療養者・児を支えれば、その人たちは住み慣れた地域や在宅で暖かな家族に囲まれながら穏やかな生活を送ることができると考えていました。

しかし、実態から見えてきたのは、現在定義されている意味でのダブルケアに加え、疾患を抱えた家族の在宅看護や子どもの教育、仕事に関連する課題に次々に対処しなければならない多重のケアでした。しかも多重ケアは、在宅看護・介護を担う個人や家族のちからだけでは容易に解決できないほど相互に関連し合い、複合課題へと変化していました。

そして、複合課題に陥って在宅看護・介護を担っている人たちは、時に自己の存在価値や生きる気力すら失いかけていました。

彼女ら、あるいは彼らを、このような状態にまで追い込む複合課題とはなにか。

私は、現在のダブルケアの定義への違和感を織り込んだとき、複合課題を「子育てと介護に加え、在宅医療や在宅看護、学校教育や仕事に関する多重のケアが相互に作用して複雑に絡み合い複合化した状態」と定義したいと思います。

「はじめに」で示した定義にくらべて、在宅医療や在宅看護の要素が加わっている点に注意してください。

私は、複合課題は、少子高齢社会の進展とともに非婚化、晩婚・晩産化、核家族化等、社会や地域の環境の変化に加え、医療の進展による長寿命化――特に、それに伴って生じる健康寿命とのずれ――から生じる課題だと考えています。

したがって誰にも、どの家庭にも起こり得る。

でも、だからこそ私は、この問題を解決したい、予防したい。そのためには、みなさんに、複合課題とは何か、複合課題家族とはどんな状態の家族なのか、具体的に誰がどのような課題を抱えているものなのか、それはどのように複合・複雑化していくのか等、複合課題の実態を知ってもらうことが重要なのです。

複合課題の要因

複合課題は様々な問題に引き連れて必要になってくるケアが多重化・錯綜化することで生まれます。そこで、まずはどんな課題要因があるかを総覧的に見てみましょう。

《人的要因》子どもに関連するもの

・生理的要因（身体・知的・精神障害、発達障害、疾患、難病等）
・行動面の要因（不登校、ひきこもり、自傷、破壊行為、依存（ゲーム、摂食）等）

これらのうち、発達障害について説明すると、「発達障害」とは、自閉症、アスペルガー症候群その他の広汎性発達障害、学習障害、注意欠陥多動性障害その他これに類する脳機能の障害で、通常低年齢で発現するものとして、法令で定める障害をいいます。

2005年に施行された「発達障害者支援法」により、身体・知的・精神障害の3障害に、4つ目の障害として、新たに「発達障害」が加わったことで、「発達障害」という言葉や障害の存在が広く認知されました。発達の障害及び社会的障壁により、日常生活や社会生活に制限を受けることが多い障害で、2016年の改正支援法では、発達障害者・児の支援については、「社会的障壁」すなわち障害者が日常生活または社会生活を営む上で障壁となるような物事や制度、慣行等、その他一切のものを除去するための環境調整支援や、乳幼児期から高齢期まで、切れ目のない教育・福祉・医療・労働などの支援が行われること等がうたわれました。

支援を受けるためには、医師による診断と障害認定が必要で、児童精神科医がいる医療機関への受診が必要になります。しかし、児童精神科を標榜する医療機関が少ないため、1ヶ所に受診予約が集中するという事態が生じています。たとえば私が活動してきた東京都心や周辺地区でも、受診予約が３ヶ月から半年待ちという状況です。その間、いじめ等で人間不信、引きこもりに至った子どもたちは、適切な教育や就労支援が受けづらい状況が発生しています。同時に、環境から生じる社会障壁を個人や家族の責任で何とかしなければならない家庭では、子どもの直接の支援者であるお母さんが、理解者・共感者、支援者を求めて走り回る状況がうまれています。

《人的要因》親や祖父母に関連するもの（義理の関係を含む）

・生理的要因（記憶力・判断力の低下、人格の変化（認知症）、身体機能の減衰・機能低下に伴う事故、外傷（怪我）、疾患、難病、障害等）
・行動面の要因（徘徊、転倒、異食、弄便（排泄物をいじる、壁や床などにこすりつける）等の不潔行動、興奮、攻撃、抑うつ、拒否、収集癖、盗難などの犯罪、寝たきり等）
・意識面の要因（周囲への無関心、孤独、認知症を認めない等）

認知症について説明しましょう。認知症は、かつて「痴呆」と言われていましたが、

「痴呆」という言葉に屈辱的な意味が含まれていること、症状を正確に表していないことから、２００４年以降「痴呆」から「認知症」という言葉に変更・統一されました。

認知症とは、「一度正常に達した認知機能が後天的な脳の障害によって持続的に低下し、日常生活や社会生活に支障をきたすようになった状態をいい、それが意識障害のないときにみられる状態」のことです（日本神経学会）。国際的に広く用いられている診断基準には、世界保健機構によるＩＣＤ－10や米国精神学会によるＤＳＭ－Ⅳ－ＴＲがあります。

ＩＣＤ－10による認知症の定義は、「通常、慢性あるいは進行性の脳疾患によって生じ、記憶、思考、見当識、理解、計算、学習、判断などの多数の高次脳機能の障害からなる症候群」とされています。日本では「アルツハイマー型認知症」「血管性認知症」「レビー小体型認知症」が三大認知症と言われており、最も多いのが「アルツハイマー型認知症」で、全体の５割を占めます。

認知症には、中核症状と周辺症状があります。中核症状には、記憶障害、判断力低下、見当識障害、失行、失認等があり、周辺症状には、不安、抑うつ、興奮、徘徊、不眠、関係念慮、被害妄想などがあります。

認知症は、ご自身でも、物忘れや思考がまとまらない等、もしかしたら自分は認知症ではないかと認識していることが多いのですが、人によっては認知症の治療や支援をかたくなに拒否する方が見られます。しかし、自分だけでは思うようにいかない現実に抑うつ状態になったり、周囲を攻撃したり、これらが繰り返されることで、徐々に家族やご近所さんとの関係性が悪化し、ますます適切な支援が提供できない・受けられない状況に陥ります。

相談に来られる方の多くが、活動意欲があり、動ける認知症疑いの高齢者との関係性に悩んでおられましたし、私自身も子どもと祖父母との板挟みで何度も苦しい思いをしています。認知症は、ご本人だけでなくその家族、近隣住民との関係性を壊す危険性をはらんでいる要因です。

《人的要因》配偶者に関連するもの

・生理的要因（疾患（生活習慣病）、事故等による障害、難病、不妊症、性機能不全

等）

・行動面の要因（モラハラ（モラルハラスメント）、DV（ドメスティックバイオレンス）、ストーカー、育児・家事拒否、依存（ギャンブル、アルコール、買い物依存等））

・意識面の要因（ネグレクト（無視））

これらについては、「夫婦喧嘩は犬も食わない」とあるように夫婦間や個別の家庭の問題であり、第三者がとやかく言うことではありませんでした。そのため、これまで社会に取り上げられることもありませんでした。

しかしDV防止法（配偶者からの暴力の防止及び被害者の保護等に関する法律）が2001年10月に施行されたことにより、明らかに限度を超えた配偶者による暴力や、誰にも入れない家庭環境に耐えてきた女性や子どもたちに支援の手を差し伸べることができるようになりました。

私が地域活動を始めた2011年、最初に受けた相談が、配偶者によるDVでした。

お金を渡さないだけでなく、アルコールやギャンブル依存などと複合しており、そのことで家庭の経済が回らなくなり、子どもの食事にすら困っているケースでした。閉ざされた家庭環境の中で、夫婦にしかわからない、夫婦で解決すべき問題もあるのではないかと思います。しかし放置することで、生活が困窮したり、進学したくてもそのためのお金がない、家庭内に子どもが落ち着いて生活したり学習したりするための環境が整えられない等、子どもの健全な成長・発達や、時に命にも関わる事件・事故へと発展する可能性をはらむ問題だと思われます。

《環境的要因》就労に関連するもの

・不安定雇用、長時間労働、ハラスメント、単身赴任、転退職、疾患の発症等

ここでは、育児や看護・介護と働き方について説明します。

１９９１年、育児・介護休業法（育児休業、介護休業等育児又は家族介護を行う労働者の福祉に関する法律）が施行されて以降、休業期間中の所得保障、イクメンプロジェク

トの推進等、女性が子育てや介護と仕事の両立をしやすい環境が整えられてきました。このことにより、妊娠・出産で離職する女性の割合は減少しました。

しかし、晩婚・晩産化の影響で、子育てと介護を両立する人や世帯が増加しています。夫婦で協力して、子どもや兄弟・姉妹、親の看護・介護をされている方もいらっしゃいますが、多くは女性が複数人の看護・介護を担いながら、子どもを育て、仕事と家事を両立しています。

私自身もそうでしたが、相談・支援を必要とされる方の中には、帰宅後もフル回転しなければならない毎日に疲れ果て、時に疾患を発症したり、気力・体力の限界を感じ、キャリアをあきらめ、正規雇用から非正規雇用への変更や転職・退職へと追い込まれている方が少なからずいらっしゃいました。特に、医療や特別な配慮を必要とする家族を看護・介護する両立者に、そういう方が多いように感じます。職場のみならず帰宅後も育児や看護・介護、家事と休む暇なく動かれている方々にとって、働き方のいかんによっては、個人や家族の健康や仕事の継続にかかわる課題の要因となります。

《環境的要因》家計に関連するもの

・低収入、医療費等による高額支出、借金、生活困窮等

所属する職場や仕事内容にもよりますが、たとえば一年ごとの契約社員や時間給の非正規雇用者は、自分で年金や国民健康保険料等の社会保障費を支払う必要がある方がいます。育児や看護・介護に必要な時間を捻出するために、あえて非正規雇用者を選択したにもかかわらず、そのためにかえって子どもの教育費や家族の医療・介護の充分な費用を稼ぎにくくなり、追い込まれている方もいらっしゃいます。

家計経済研究所の調べによると、在宅介護にかかる費用は月額平均５万円、医療費やおむつ代等、介護サービス以外にかかる費用は月額平均３万４０００円、介護度が高く、認知症も重度の方の介護費用は、月額平均13万円でした（在宅介護のお金と負担２０１６年調査）。入所介護になると、地域や施設、個室か多床室かによっても違いますが、特別養護老人ホームで月額８万から15万円、有料老人ホームで、入所金＋月額15万から30万円程になります。子どもの教育費と家族の医療費、介護費用の同時拠出は、

介護者にとって「働けど働けど我が暮らし楽にならず」の状態をまねき、激しいストレスにつながります。とはいえ、仕事を辞めてしまえば、収入がなくなり生活に困窮します。このように、育児や看護・介護の費用にかかるストレスが、仕事の継続意思や家族の関係性、ご自身の老後の生活の不安材料になります。

《環境的要因》学校・教育に関連するもの

・いじめ、成績不振、進学、修学（不登校・通学方法）等

いじめや成績不振は不登校や長期の引きこもり状態になる課題要因です。特に、思春期にあたる小学校高学年から中学生のお子さんを抱えた相談者に、親の介護と思春期の子どもの課題を同時に抱える方が多いように感じます。同時に、それらの相談者は仕事の合間をぬって学校や施設、病院、親の自宅に出かけている方が多く、全く余裕がない状況でした。特に、抑うつ状態や自傷、また、破壊行為、夜間徘徊等がみられるお子さんを抱えたお母さんの心身の消耗には激しいものがあります。

引きこもりとは、６ヶ月以上にわたり、学校や仕事などに行かず、家族以外の人との交流をほとんどしないで家庭に長期間ひきこもっている状態のことを指します。引きこもりは、学校でのつまづきがきっかけになることが多く、一度引きこもると長期化する傾向があります。２０１６年、内閣府が発表した「若者の生活に関する調査報告書」によると、15歳から39歳で5年以上引きこもりを継続している人が46・９％でした。

これらの要因のバランスと、バランスをとるためのかじ取りが重要になります。この本をここまで読んでくださったみなさんは、多重ケアに迫られている、あるいは複合課題に陥ってしまった当事者か、陥りそうになっている予備軍の方、あるいはこれらの問題に関心がある方々が多いと思います。ですからぜひ、複合課題を「他人事」と思うのではなく「我が事」と思って読んでください。きっとこの本の内容がお役に立つはずです。

■ 引きこもりの状態になってからの年数

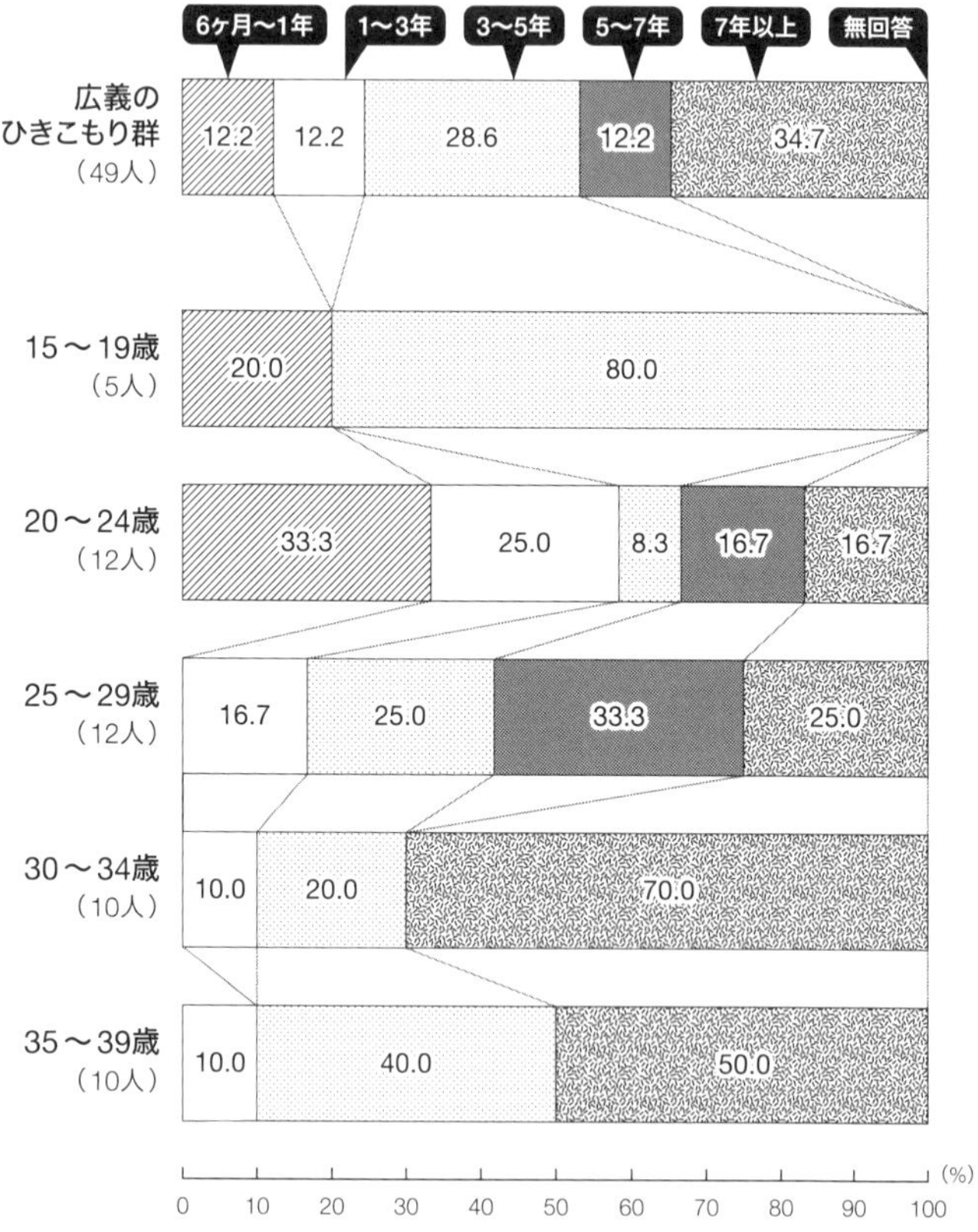

出典：内閣府2016年「若者の生活に関する調査報告書」より作成

第2章

家族が複合課題に陥りやすい状況とは

私は、これまで行った調査や自治体の地域支援事業の支援、在宅医療・福祉相談の実例をとおし、複合課題に至る可能性がある家族は、以下の3つの状況に置かれていると考えています。

【状況1】重症化・長期化する可能性がある健康課題を抱える家族がいる。
【状況2】医行為（医療行為）や医療的ケアを必要とする家族がいる。
【状況3】こころの病気や障害、仕事の問題等で特別な配慮を必要とする家族がいる。

なぜそう考えるのか。それぞれについて詳しく解説します。

【複合課題に陥りやすい状況1】

重症化・長期化する可能性がある健康課題を抱える家族がいる

ここでいう重症化・長期化とは、症状が重い疾患がある、あるいは、なんらかの健康課題が再発したり長期の治療を要したりする状況のことです。代表的な健康課題には、脳血管疾患や心疾患、慢性腎不全、糖尿病や高血圧、がん、「難病の患者に対する医療等に関する法律（難病法）」が定める指定難病、さらには、難病指定には当てはまらないものの治療が長期にわたり患者の負担が大きい疾患等が想定されます。

それ以外にも、骨格筋の痛みや、障害認定には該当しない障害、精神疾患等による健康課題が考えられますが、本項では脳血管疾患を例に、なぜ状況１が言えるのかを説明しましょう。（精神疾患、うつ病等の心の病気に関しては状況３で取り上げます。）

なぜ状況１が言えるのか

脳血管疾患は、発症すると日常生活が制限されることが多く、厚生労働省の平成28年国民生活基礎調査では、要介護５に至る原因の第１疾患としてあげられています。また、29年版内閣府高齢社会白書では、65歳以上の要介護者が介護に至る原因の第１位となっています。

しかも、累積再発率は、１年間で12・８％、５年間で35・３％、10年間で51・３％と

■ 要介護5にいたる原因の1位は脳血管疾患

(単位:%)　　平成28年

要介護度	第1位		第2位		第3位	
総　数	認知症	18.0	脳血管疾患(脳卒中)	16.6	高齢による衰弱	13.3
要支援者	関節疾患	17.2	高齢による衰弱	16.2	骨折・転倒	15.2
要支援1	関節疾患	20.0	高齢による衰弱	18.4	脳血管疾患(脳卒中)	11.5
要支援2	骨折・転倒	18.4	関節疾患	14.7	脳血管疾患(脳卒中)	14.6
要介護者	認知症	24.8	脳血管疾患(脳卒中)	18.4	高齢による衰弱	12.1
要介護1	認知症	24.8	高齢による衰弱	13.6	脳血管疾患(脳卒中)	11.9
要介護2	認知症	22.8	脳血管疾患(脳卒中)	17.9	高齢による衰弱	13.3
要介護3	認知症	30.3	脳血管疾患(脳卒中)	19.8	高齢による衰弱	12.8
要介護4	認知症	25.4	脳血管疾患(脳卒中)	23.1	骨折・転倒	12.0
要介護5	脳血管疾患(脳卒中)	30.8	認知症	20.4	骨折・転倒	10.2

※ 熊本県を除いたものである。

出典:厚生労働省「平成28年 国民生活基礎調査の概況」より作成

■ 65歳以上の要介護者等で介護が必要となった主な原因

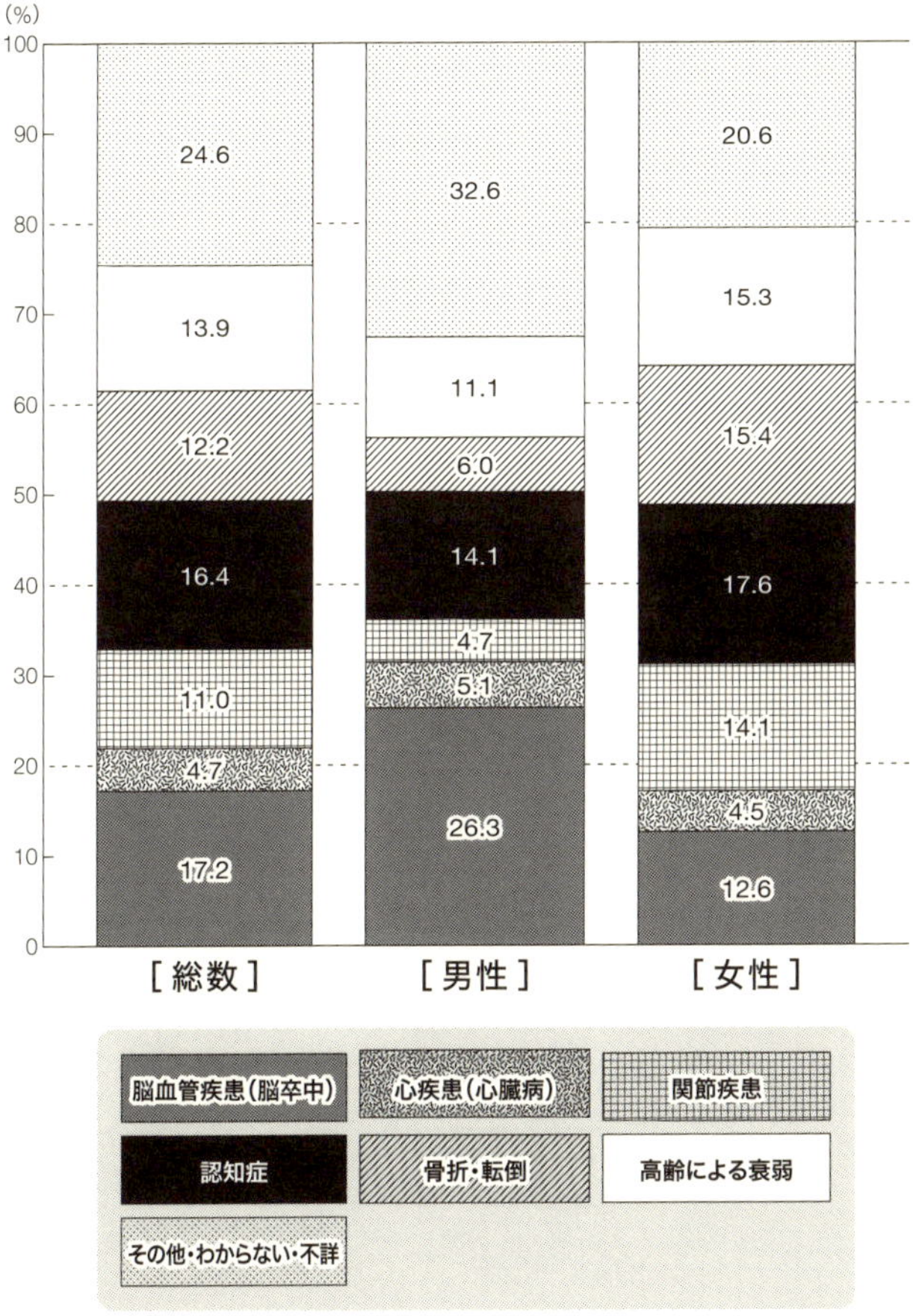

出典：厚生労働省「国民生活基礎調査」（平成25年）、内閣府「平成29年版 高齢社会白書」より作成

高く（福岡県久山町の疫学研究のデータ）、再発のたびに重度化することが多い疾患です。重篤な状態を脱した後も、寝たきりや四肢麻痺、平衡障害（身体のバランスが保てない）、摂食嚥下《せっしょくえんげ》障害（食べ物を認識できない、噛めない、呑み込めない）、構音障害（思うように話すことができない）等で、医療や看護・介護を必要とする後遺症が残ることが多いという特徴があります。

さらに、後遺症で高次脳機能障害を発症した場合は、記憶障害や注意障害、遂行機能障害（自分で計画を立てて行動できない）、社会行動障害（興奮・暴力、大声を出す）等で、家族や近隣住民との関係や生活への適応が難しくなったりします。たとえば、会話が成立しなかったり、突然どこかに行ってしまい戻れなくなったり、大事なものを捨ててしまったり、突然怒りだしたと思ったら泣きだしたり……。在宅看護・介護の担い手は「次は何がおこるかな？　何がおこっても笑って済ませよう」というくらいのつもりで腹をくってかかわらないと、振り回されて疲れ果ててしまいます。

「腹をくくれ」と口で言うことは簡単です。しかし、これらに24時間365日向き合うご家族の苦労には、想像を絶するものがあります。

高次脳機能障害は、アーティストの小室哲哉さんのご家族のケースでクローズアップされました。小室さんは、脳血管障害のひとつであるくも膜下出血で高次脳機能障害を抱えた妻のＫＥＩＫＯさんを、「女性というより女の子になってしまった」と表現されています。小室さんは、ＫＥＩＫＯさんの在宅介護と、再発予防のために継続しなければならない治療及び在宅看護に加え、ご自身も慢性化・劇症化する可能性があるＣ型肝炎の治療と予防管理を続けるという複合課題の状態を一人で抱えた結果、音楽という芸術作品を日々創造する仕事ができない状態に陥っていったのではないか。実例をよく知る私は、その経緯がわかるように感じました。

状況１が悪化するとき

私がこれまで見てきた状況１の事例において、在宅看護・介護の担い手は、家族が疾患を発症しないよう、しても重度化しないよう、栄養バランスに配慮した食事を準備したり、その人自らがライフスタイルを見直して治療に取り組めるよう気を配ったりなどされていました。みなさん方の中でも、家族の在宅看護・介護を担っておられる方は、家族に外食や暴飲暴食、睡眠不足等が続く人がいれば注意を促したり、体調不良の人がいれば看病したり病院受診を促したりされているのではないでしょうか。

あれこれ言われる側は、いつも同じことをうるさく言われて面倒に感じるでしょう。でも、家庭の中ではこの何気ない気配りや対処が日常的に行われることで、家族みんなの健康生活が維持されていることが多いものです。

しかしこれが、他にも状況2に該当する「配慮が必要な家族」が家庭内にいる場合、在宅看護・介護の担い手による気配りは散漫になり、重度化・長期化する可能性がある家族の健康課題に対処できなくなります。

脳梗塞後の義母を介護している嫁のケース

脳梗塞後の義母を嫁が主介護者として介護しているケースを見てみましょう。このケースでは、がんで入院した夫が訪問診療・訪問看護・介護サービスを導入して自宅に退院した途端、義母にこれまでどおりかかわることができなくなっています。嫁は、自宅で死にたいと願う夫の願いを聞き入れ、自宅に連れて帰ったのですが、不安の強い夫は自宅にじっとしていられません。嫁が、夫に必要な在宅看護・介護を行ったり、度重なる夫の入退院に付き添っている間に、義母は再梗塞を起こし、ついには寝たきりになりました。また、長時間勤務で数時間しか帰宅しない息子のために自分の睡眠時間を削って食事の準備や家事をこなしていたため、嫁は過労と睡眠不足でフラフラになっていました。

このケースでは、結局緊急入院した夫を病院で看取り、期間を置かずして自宅で義母を看取っています。その後すぐ、嫁の心身の健康状態が悪化しました。もし夫の気持ちとお金さえ許せば、夫には緩和ケア病棟等の医療が提供できる施設に入っていただき、家族それぞれが落ち着いた時間を過ごすことができるよう調整したかったケースでした。

家庭内に重症化・長期化する可能性がある健康課題を抱える家族がいる場合、その他の家族の状況によっては、在宅看護・介護の担い手は多重のケアを抱え込み、家族一人ひとりへの個別のケアやセルフケアすら十分できなくなる。そしてそれにより、疾患の重度化や新たな疾患発症の可能性が高くなる。多くの事例にかかわる中で、私はそのように感じています。

在宅医療を必要とする療養者の重度化や新たな疾患の発症を予防するためには、療養者や在宅看護・介護を担う個人だけを支援の対象にするのではなく、その世帯全員の健康と生活を丸ごと支える意識としくみが必要なのです。

【複合課題に陥りやすい状況2】医行為と医療的ケアを必要とする家族がいる

複合課題家族の第2の状況は、医行為（医療行為）と医療的ケアを必要とする家族がいることです。想定される医行為には、人工呼吸器や中心静脈栄養（TPN：Total Parenteral Nutrition）の管理、注射、導尿、摘便の実施等があり、医療的ケアには、痰の吸引や胃ろうを含む経管栄養の実施等があります。

在宅医療の推進

少子高齢社会の進展により増大する医療費を削減し、かつ、重度の要介護状態（要介護4、5）となってもできる限り住み慣れた地域で療養することができるよう、在宅医療が推進されています。在宅医療とは、医療を受ける人の自宅や入所する施設等で提供される医療のことで、「外来・通院医療」「入院医療」に次ぐ「第三の医療」と言われています。

在宅医療には「訪問診療」と「往診」のふたつがあります。

訪問診療とは、訪問診療医が概ね2週間に1回から1ケ月に1回の割合で定期的・計画的にご自宅または入所施設に訪問し、診療や治療、薬の処方等を行うものです。また、急変時には緊急訪問したり、入院の手配を行ったりするなど、24時間体制で在宅療養をサポートします。

一方、往診は、通院できない療養者の要請を受けて、診療所の医師が、その都度自宅を訪問して診療を行うものです。訪問診療と往診の違いは、定期的・計画的な訪問か否かによると理解していただければ結構です。

在宅医療では、訪問医以外にも訪問歯科医師、訪問薬剤師、訪問看護師、訪問リハビリ職等が定期的・計画的に訪問しています。そのうち訪問看護師は、訪問診療医の指示に基づき、訪問診療医が訪問しない間の健康管理や、法律上、医療従事者しかできない医行為を行っています。

医行為を要する在宅看護負担の増大

医行為がない在宅介護については、介護保険制度で多くの介護サービス事業者がこの分野に参入し、家族の負担は軽減しました。

しかし、医行為を伴う在宅看護は、法制度で容認された介護士や保育士、教師等による医療的ケアをのぞき、訪問診療医か訪問看護師が訪問したときに、療養者への直接援助が行われるだけで、それ以外の時間帯の在宅看護は、療養者本人か家族が実施しています。制度の規定上そうするしかないのです。これは現在の在宅看護の大きな問題です。

２０１６年7月に開催された第1回全国在宅医療会議の資料によると、訪問診療を受ける患者数は年々増加し、対象年齢も、高齢者だけでなく0歳から4歳の小児が急増しています。人工呼吸器や中心静脈栄養等、医療機器を用いた医行為を要する在宅医療療養者の数も増加し、在宅での介護だけでなく、医療・看護を必要とする療養者や療育児が増えています。

２０１８年1月26日の朝日新聞の朝刊に、団塊の世代がすべて75歳以上となる２０２５年に、在宅医療を受ける人が１００万人を超え、現在の１・５倍以上の規模になるとの記事が掲載されました（厚生労働省推計）。この推計値に高齢者以外の子どもや現役世代を加えると、その数はさらに増加すると思われます。

在宅医療・看護が負担になる理由

記事には「自宅で在宅医療を受ける場合、公的な在宅介護サービスを使っても患者を支える家族の負担は大きくなりがちだ。」とありますが、理由は示されていません。本書ではその理由を調査データから考えてみます。

少し古いデータになりますが、２０１２年に財団法人日本訪問看護振興財団が実施した「医療的ケアを要する要介護高齢者の介護を担う家族介護者の実態と支援方策に関する調査研究事業報告書」によると、要介護高齢者の介護を担う主な介護者は、「娘」33・2％、「妻」30・6％、「夫」13・4％で、57・1％が在宅で医療機器を扱ったり、医療処置を行っています。そのうち37・1％が医療機器の扱いや医療処置を難しいと感じ、53・5％が心理的な負担を感じていました。

また、２０１５年度障害者支援状況等調査研究事業報告書「在宅医療ケアが必要な子どもに関する調査」（みずほ情報総研）では、「本人（医療的ケアが必要な子ども）の主な介護者」は母親が95・7％で最も多く、「主な介護者の負担感の割合」を見ると、多い順に「介護、見守りのための時間的拘束に係る負担」「保育所・幼稚園等、学校への通学時等の介護に係る負担」「医療的ケアの実施に係る負担」となっています。（それぞれ割合は76・3％、72・2％、71・9％）

このように、医療機器を使用する療養児・者の中には、機器をつけて学校に通ったり、ご自身の意思で外出することが可能な方が多々いらっしゃいます。しかし、これらの方は外出先でも、管をつかって行う痰の吸引や栄養剤を注入する経管栄養などの医療的ケアに加え、医療機器や点滴の管理、尿道に管を挿入してお小水を出す導尿等、医療従事者や家族にしかできない医行為も同時に必要になるケースが多いのも事実です。

また、在宅介護に加え在宅看護を必要とする療養者の場合、療養者・児の在宅看護・介護の担い手が休息するための短期入所施設が少なかったり、自宅のそばにないことで、家族による在宅看護の負担が増大しています。

２０１２年当時に比べ、現在では医療機器は格段に進歩し、コンパクトかつ機械音も小さくなり、一般の方でも容易に使いこなせるようになりました。また、医療機器会社のメディカルエンジニア（臨床工学技士）や、訪問診療医、訪問看護師の手厚いサポートもあり、以前であれば病院にいた家族が、医療機器を日常的に使いながら自宅で療養することが容易にありうる時代になっています。しかし、それによって、２０１２年当時にはなかった新たな課題が発生してきたとも言えるのです。

70代前半、高齢者二人暮らしの患者・家族のケース

私が急性期病院で対応した70代前半、高齢者二人暮らしの患者・家族のケースでは、心筋梗塞で人工呼吸器装着、痰の吸引、1日3回の腹膜透析、インスリン注射、経鼻経管栄養が必要でした。夫は法人の代表、妻も同じ法人内で仕事をしていて、午前9時から午後5時まで職場で仕事をこなす必要がありました。そのため、私は夫婦と相談したうえで、自宅では訪問診療、2ヶ所の訪問看護、訪問リハビリ、訪問介護、訪問入浴、福祉用具等のサービスを導入し、さらには、妻と娘の二人で在宅看護を行えるように、病棟の看護師さんに医行為の技術指導をしていただきました。同時に、人工呼吸器が装着できる車いすを特注し、障害車両に改造した自家用車も準備して、妻の運転で夫が通勤できる体制を整えました。そして、一週間に一度本人が出社する時は、職場でも妻が痰吸引と腹膜透析、経管栄養を実施し、仕事が継続できるよう調整しました。

問題はこの後です。この状況が長期化するにしたがって、当初より気になっていた娘のこころの病気が悪化し、次第に家族による在宅看護は妻が一人で担わざるをえなくなったのです。

当時は人工呼吸器装着の療養者を受け入れる短期入所施設がなかったため、夫には検査入院というかたちで一般病院に入院していただけるよう医師にお願いし、妻が休息できるよう調整しました。

退院後、妻は再びさまざまな在宅サービスを利用しながら、夫が亡くなるまで在宅で看護・介護を続けましたが、妻にやる気も体力も経済力もあり、さらには職場と病院の理解と協力もあったからこそできた、かなり稀少なケースでした。

支援対象が子どもの場合

支援対象が子どもの場合、高齢者とは少し様子が違います。子どもの成長にあわせた教育が提供されなければなりません。

１９４７年に公布された教育基本法・学校教育法では、重度の障害者に対しては就学免除・就学猶予の措置がとられ、就学が許可されない時代が長く続いていました。しかし、１９７９年、養護学校が義務化され、その前年にこの措置が原則廃止されたことで、すべての子どもたちに教育が提供される環境整備が進みました。現在障害児教育は、障害児教育を専門とする特別支援学校や訪問教育等をはじめ、普通校の特別支援学級や普通学級でも教育が受けられるようになりました。

その結果、教育現場では、医行為や医療的ケアを必要とする子どもたちが増加しています。しかし、個別の疾患や障害にあわせた医行為の提供は難しく、特に人工呼吸器を装着している子どもの場合は、親が自家用車で送り迎えをしたうえに学校で待機して教育を受けさせる状況も発生しています。

２０１７年の一般社団法人全国訪問看護事業協会の調査によると、家族による在宅看護を支える訪問看護師が所属する訪問看護ステーションは順調に増加しています。しかし、在宅医療ニーズに支援環境が追いつかず、特に時間も場所も選ばず医行為を行い続けなければならない障害児の家族は、主介護者である母が同居の家族に頼りながら、日々成長発達する子どもの命のみならず教育をも支えている状況です。

家庭内で医療・看護・介護負担を背負い切ることは不可能

２０００年に介護保険制度が施行され、介護サービスが普及・拡大し、介護保険導入前より介護負担が格段に少なくなったと思います。

しかし、急激な医療の進歩に地域社会の理解も在宅看護の環境も追いつかず、そのしわ寄せが家庭内の在宅看護の担い手に集中する状況になっています。事例のように、家族のやる気と行動力に加えて経済力があったからなんとかなったケースでも、核家族化、夫婦二人・共働き世帯の増加、下流化、貧困化が進む現在の状況は負担が大きすぎます。

在宅医療及び看護を家庭内で完結させる方向で関連の諸制度が推進される限り、この問題は解決しません。そうではなく、地域社会の問題として包括的に支える「在宅医療及び看護の社会化」を進める必要があるのです。

【複合課題に陥りやすい状況3】

こころの病気や障害、仕事の問題等で特別な配慮を必要とする家族がいる

この状況で特に多く想定されるのは、メンタルヘルス（こころの病気）の問題です。状況3は、特に状況1と密接に連鎖します。

こころの病気にはいろいろな種類があり、症状や疾患も様々です。症状には、全身倦怠感や不眠などの身体面、不安緊張や怒りなどの心理面、自傷や引きこもり（不登校）などの生活・行動面の変化があり、診断名としては、うつ、統合失調症、認知症、発達障害、依存症、パニック障害等です。本項では、うつと依存症を取り上げます。

うつ病の厄介さ

厚生労働省が行った２０１４年患者調査によると、躁うつ病を含む気分（感情）障害で受診・治療した人の数は年々増加しています。その代表がうつです。憂鬱や気分が落

ち込む抑うつ状態が2週間以上続き、既定の診断基準を満たした場合に「うつ病」と診断されます。

うつ病は、まだはっきりとは解明されていない病気で、生活環境や職場環境によるストレス以外にも、統合失調症やアルツハイマー、発達障害、慢性疼痛を伴う身体疾患、依存症、薬剤性のもの等が背後にかくれていることがあります。無気力になったり、感情が鈍麻したり、罪悪感が強くなったり、引きこもり（不登校）になったり、価値観の喪失で自殺、他傷、破壊、さらにはアルコールや薬物、性に依存する等して、反社会的な行動に至ることで、家族だけで対処するのが難しいケースも多々あります。

２００2年度厚生労働科学特別研究事業報告「心の健康問題と対策基盤の実態に関する研究」によると、一般住民の15人に一人がうつ病を経験しているものの、その4分の3は受診していませんでした。うつ病は、周囲の家族や職場の同僚等が気づいても、本人が気づかない・認めないケースや、本人も周囲も気がつかないケース等、本人を治療や専門相談に結びつけることができないことも多い疾患です。さらに、受診したとしても、もう大丈夫だと自己判断してしまいやすく、治療を中断することで再発を繰り返す可能性が高いので厄介です。

依存症とは

依存症とは、日常生活に支障をきたしているにもかかわらず、お酒や薬物の使用・ギャンブル・買い物などにのめり込み、自分の力だけでは辞めたくても辞められず、どうにもならなくなっている状態のことです。

依存症には大きく3つの種類があります。

①物質依存（物への依存）……ある物質を飲んだり注射して摂取することで得られる快楽や刺激によって、その物質に執着・依存する。アルコール、たばこ、薬物（違法薬物・脱法ハーブ・処方薬）などがある。

②行為・プロセス依存（行為への依存）……ある行為をする過程で得られる興奮や刺激によりその行為自体に執着・依存する。ギャンブル・パチンコ・買い物・盗癖・ネッ

ト・性・浮気などがある。
③関係依存（人・関係への依存）……ある特定の人との人間関係に依存する。歪んだ人間関係に執着し、人とのつながりを求めようとする。女性依存・男性依存・ＤＶ・ストーカーなど。

また、異なる依存症がふたつ以上一緒に発症している場合があります。これはクロスアディクションと呼ばれます。依存症と他の精神疾患が合併している場合には、一般的には依存症の治療を行ない、それと並行して、たとえば抗不安薬や睡眠薬などの薬物治療等が必要となることがあります。個別の疾患、状態に合わせた治療が必要であるため専門の医療機関につながることが大切です。

依存症は、自分の意思で、量・頻度・場所・状況などをコントロールできなくなるコントロール障害が共通します。

こころの病気が増える社会背景

厚生労働省は自殺・うつ等対策プロジェクトチームを立ち上げて、職場におけるメンタルヘルス対策を進めています。その効果があってか、２０１７年、公益財団法人日本生産性本部の第8回調査では、それまで最も多かった30代の「こころの病」がある方の割合が減少しました。

しかしその一方で、10代から20代の割合が増加しています。報告書では、仕事の責任と権限のアンバランスが、10代から20代にも広がっているためとの見方を示していますが、果たしてそれだけでしょうか。

経済の低迷が続き、人件費削減、非正規職員の雇用が進みました。少ない正規職員で大量の仕事をこなさなければならない現場では、思うように仕事ができない、どんなに働いても仕事が終わらない等、長時間労働によるストレスがうつや離転職につながっています。

私のまわりを例にとっても、この労働環境では子育てや介護と仕事の両立ができない、

■「心の病」の年代別割合は10代から20代が急増

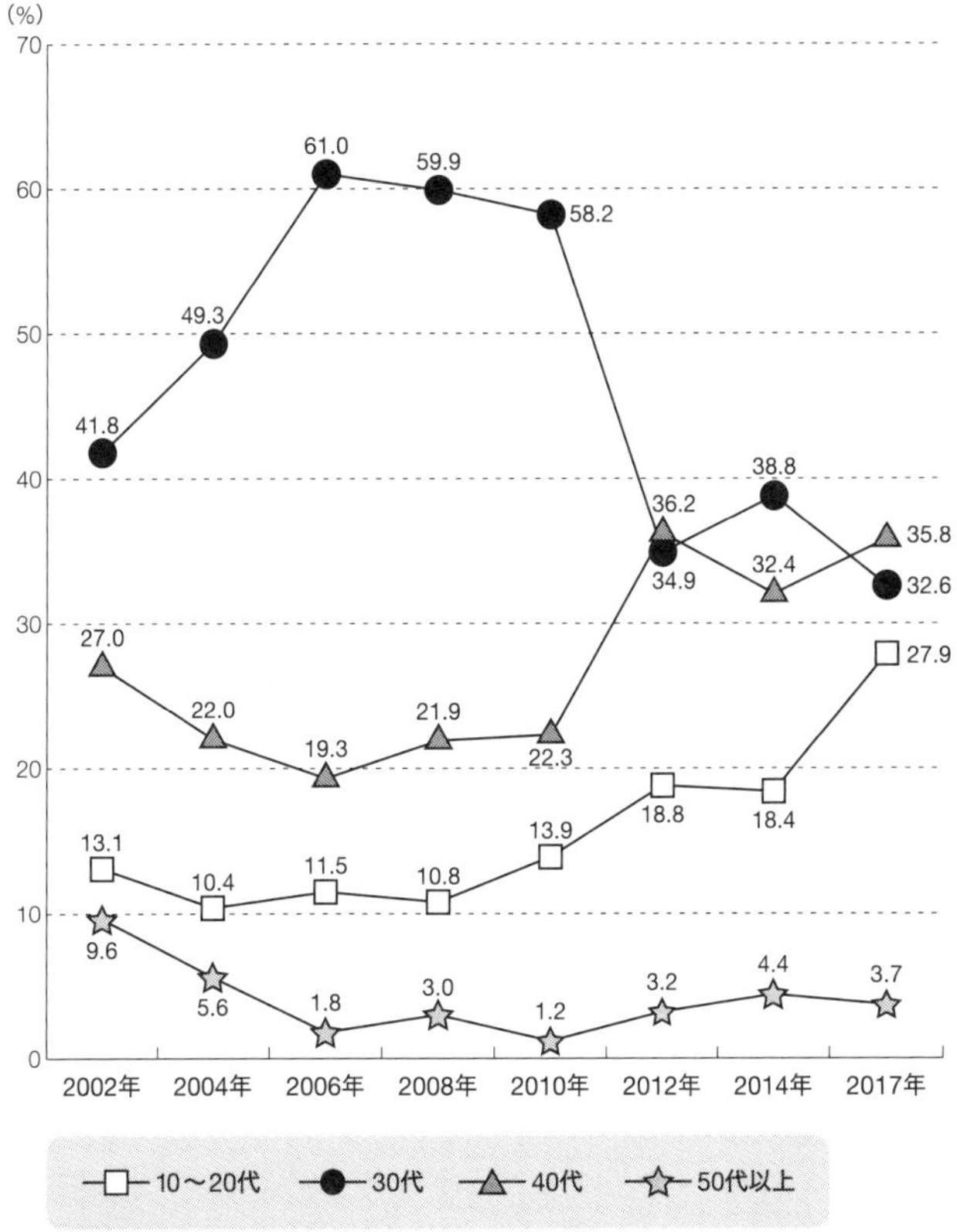

出典：日本生産性本部「第８回『メンタルヘルスの取り組み』に関する企業アンケート調査結果」より作成

頑張った成果が認められないと、泣く泣く辞めていった同僚を、私は何人も知っています。私自身も、家庭の状況で転職したり、キャリアをあきらめたり、仲間と一緒に苦労してあげた成果を認めてもらえず、仕事のやりがいを喪失することが多々ありました。この本を読まれているみなさんの中にも、きっと同じような経験をしたり、はがゆい思いをされていたりする方がいるのではないでしょうか。

人の価値観は多様です。誰しも同じ思いで仕事をしているわけではありません。それでも多くの人が、働き慣れた職場で仲間と助け合いながら、苦しくても楽しくやりがいをもって働き続けたい、キャリアを積み重ねたいと考えているのではないでしょうか。また、やりがいをもって頑張ろうとしている人材に対し、不安定な身分のままで、辛い仕事、大変な部分を押し付けてしまっているということはないでしょうか。

労働者のやる気とやりがいを奪うだけでも問題です。そのうえにこころの病気を抱えさせることがあればなおさらです。そのようなことがないよう、個別の課題はみんなの課題と考え、労働環境の整備が社会全体で進められるべきだと思います。

子どもたちもこころの病気に

学校に通う子どもたちも同様です。厚生労働省・警察庁「平成28年中における自殺の状況」によると、19歳までと20歳から29歳までのふたつの年代における自殺の原因・動機には、親子関係の不和や就職の失敗、進路に関する悩み、学業不振などがあります。子どもの学業支援や就労支援とともに家族の関係性にも踏み込んだ支援が必要です。

また、大学生では就職の失敗等、将来の展望に関することは容易にうつの原因になりえます。うつは不登校や引きこもりなど行動面の問題と親和性があり、ただでさえ思春期で情緒不安定なところに、精神障害、発達障害等の背景が加わると、家庭内暴力や自傷、ネット依存等、家庭生活や家族関係にも影響を及ぼす状態を引き起こしがちです。

平成28年度厚生労働省社会福祉推進事業の「ひきこもりに関する全国実態アンケート調査の報告」（ＫＨＪ全国ひきこもり家族会連合会）によると、引きこもりの平均期間は10・8年、20年以上が16％、年齢で見ると40歳以上が全体の25％にもおよび、長期化しています。早い段階から不登校や引きこもりを予防することが重要だと思われます。

認知症の祖母の看護・介護と子どもの不登校を抱えたケース

不登校の子どもの事例をご紹介します。

疼痛管理が必要な認知症の祖母を看護・介護しながらフルタイムで働いていた母親の事例です。その母親は、小学校4年生になった子どもに吃音が始まり、学業不振に陥っていることにもなんとなく気がついていました。

しかし、仕事と看護・介護を両立するだけで時間がなくなってしまい、気になりながらも対応できずにいました。

中学入学後、不登校になった子どもは抑うつ状態に至り、食事もとらなくなり、不眠や自殺念慮、破壊行為があり、母と子の関係も断絶してしまいます。母は、医師と相談して子どもを小児精神科に入院させ、自身も転職して時間をつくり、退院後も根気よくかかわりながら、小学生用のドリルを使って子どもの学習を支援しました。

わからないとあきらめていた勉強がわかるようになってきた子どもは、その後不登校を克服し、高等学校へと進学し、卒業後、就職しました。しかし、就職先の長時間労働をきっかけにうつが再発し、退職・再就職後も、抑うつ状態を繰り返しています。母親は、成人した子どもの自立を阻害することなく、さりげなく支援するためにはどうすればよいのか、子どもとのかかわり方に今でも悩んでいます。

このように、職場や学校に関連したストレス等によるうつの発症・再発やその他の疾患、統合失調症、認知症、発達障害等が疑われる家族がいる家庭では、子どもの不登校や引きこもり、虐待やＤＶなどの家庭内での暴力、問題性のある各依存等、長期化することがほぼ確実な福祉の課題を抱えることが多くなります。そこに、状況１の「重症化・長期化する可能性がある健康課題を抱える家族」や状況２「医行為（医療行為）や医療的ケアを必要とする家族」がいると、状況は解決から遠ざかっていくばかりです。

私は、そうやって家庭内の多重ケアが相互に作用し、複合・複雑化していくケースが非常に多いと感じるのです。

第3章

複合課題に陥った家族の実態

実際に複合課題に陥った個人や家族はどのようになるのか。第3章では、急性期病院や施設、地域での医療・福祉相談事例、NPO法人や大学で実施した「子育て・介護複合課題」実態調査研究、私自身の経験もふまえ、複合課題の実態を描写します。

描かれるのは、家族が抱える多重ケアがどのような経緯を踏んで複合課題になっていくのか、課題の解決・改善に向けて、誰がどのように行動したのか、その結果、個人や家族はどうなったのか等、複合課題の発生から終結に至るプロセスです。実在の個人を保護するため、居住地や氏名等、個人が特定される要素は変えていますが、根幹にかかわる個所は実例のままお示しします。

1 離れて暮らす親の在宅看護・介護が子どもの引きこもりに発展したケース

東京在住の赤坂さん（仮名）は、自治体保健師としてパート勤務をされていた、50歳代後半の女性です。

糖尿病を患った親の遠距離看護・介護

息子さんがうまれたばかりの頃、実家に離れて住む父親が糖尿病を患って腎機能が低下し、人工透析を受けるため入院しました。赤坂さんは子どもをおんぶして電車とバスを乗り継ぎ、父親のいる病院に片道2時間半かけて通いました。父親の退院後は定期的に実家に帰っては食事を作り置きしたり、血糖測定やインスリンの自己注射を確認するなどしていました。

ご自身が保健指導の専門家である赤坂さんは、お父さまの健康管理が十分できなかったことに責任を感じておられたのかもしれません。「父のことを放ってはおけなかった」と何度も言われていました。

育てにくい子どもの状況

息子さんが3歳になった頃から、落ち着きがない、ききわけがない等、いわゆる「育てにくい子ども」の状態が現れるようになりました。小学校に入学してからは、些細なことでいちいち学校に呼び出され、そのたびにしつけがなってないとか、彼女の育て方が悪いとか一方的に言われて、本当に辛かったといいます。赤坂さんは息子さんについて、「今考えると発達障害じゃないかと思う」と言われています。

発達障害は脳機能の発達における障害で、コミュニケーションや対人関係をつくることを苦手とします。２００４年に「発達障害者支援法」が制定されて以降、親のしつけや本人のわがまま、教育等の問題ではなく、脳機能の障害によることが理解されるようになり、地域には発達支援センター等の相談窓口が準備され、個別性に応じた対応方法もわかってきましたが、赤坂さんが辛い思いをした当時のように障害特性そのものがわかっていなかった時代は、家族が対応するしかありませんでした。

私は赤坂さんに、夫には相談できなかったのかと聞いてみました。すると、「夫は朝早く夜遅い仕事で、休日出勤も多くていつも疲れていたので、子どものことは相談したくても相談できなかった」と苦しそうに話されました。赤坂さんの表情から、配偶者の健康に気遣いながら、自分の仕事のこと、離れて暮らす父親の看護・介護のこと、そして発達障害も疑われる子どもの子育てという、幾重にも入り組んだ苦——三重苦ならぬ多重苦——に苛まれていた赤坂さんの苦悩が伝わってきました。

脳梗塞を発症した父の介護

息子さんが小学5年生の時、脳梗塞を発症した父親が病院で寝たきりになりました。父親のことと自分の仕事と家事をこなすだけで精一杯だった赤坂さんは、父親の病状が落ち着くまでの間、息子さんに対しては「もう5年生なんだから自分のことは自分でできるだろう」と割り切り、対応を控えめにしたといいます。トラブル続きではあるものの自分で動ける息子と、自分では何もできなくなってしまった実の父親とでは、父親を優先するしかなかったのかもしれません。

息子がいじめにあい引きこもり、不登校、家庭内暴力へ

中学2年生になったとき、息子さんが同級生によるいじめから自分の部屋に引きこもり、不登校になりました。赤坂さんは何とか復学させようと必死に息子とかかわりまし

たが、彼は、

「仕事や親の介護ばっかりで、親らしいことは何もしてくれなかったじゃないか！」

「子どものことはあんなに放任していたくせに！」

とものすごい剣幕で罵倒して、朝まで赤坂さんが眠ることも身動きすることも許さず、赤坂さんはそんな息子さんを次第に避けるようになります。その一方で、病院に行って父親のそばで身の回りの世話をするたびに、病院の看護師さんたちから、「さすが保健師さん！」「お父さんはこんな素晴らしい娘さんをもって幸せですね！」と褒められることがうれしかったといいます。


赤坂さんは当時の息子さんやご自身を分析して私にこう話されました。

「子どもを介護の犠牲にしたと思う反面、いくらやっても評価されない子育てに嫌気がさし、評価してくれる父の看護・介護に逃げていたのかもしれません。」

「学校からはみ出した息子は、引きこもりや私への暴力を通して、『介護や仕事、地域活動に全部の時間を使うのではなく、もっと自分に目を向けて欲しかった』というメッセージを伝えようとしていたのかもしれません。」

息子さんのその後

赤坂さんはその後、父親を看取り、気持ちと時間に余裕ができたことで、やっと息子さんと向き合うことができるようになったといいます。自室に引きこもっていた息子さんは、赤坂さんが買ったパソコンでＩＴを勉強しはじめ、ＩＴを通じて知り合った仲間たちと外出するようになりました。そして23歳で起業し、自分で稼いだお金でアパートを借りて独立しています。しかし、過密スケジュールで長時間労働を続けていた息子さんは、心不全のため自宅アパートで亡くなりました。25歳の若さでした。

赤坂さんは、「お母さんは、泳ぎ方を知らない子どもに、泳ぐことも教えず、自由に泳げばいいからといきなり海に放り出し、溺れそうになっても木切れひとつ投げてくれなかった」と言った息子さんの言葉が今でも忘れられないと言います。

病気の父親の看護・介護、長時間労働の夫の健康管理、どうやってもうまくいかなかった子育て、子どもの再就学の失敗。それらが相互に作用して、彼女は息子さんが出していた危険信号を感じることができずにいたのかもしれません。

「できることならもう一度息子に会い、『あの時は放っておいてごめんね』と謝りたい。そしてもう一度子育てをやりなおしたい。」

「早く息子のところに行きたい……。」

そうつぶやいた赤坂さんの頬には、一筋の涙が光っていました。

2 障害児の教育と乳幼児の育児負担が母親の病死を引き寄せたケース

このケースは、多重ケアの当事者本人ではなく、その友人から相談を受けたケースです。当事者の方は仮に山口さんとしておきます。

山口さん（仮名）は、都内の閑静な住宅街に、夫と重度自閉症の長男、3歳と1歳半の娘の5人家族で暮らす40代前半の女性です。あん摩マッサージ指圧師としてフルタイムで勤務していましたが、自営業の夫との結婚を機会に独立し、訪問マッサージ師として働き始めました。出産後は息子さんを保育園に預けて仕事を継続していましたが、息子さんが自閉症だとわかってからは仕事をセーブしていたといいます。

重度自閉症児の子育てと障害児教育

息子さんを小学校に入学させるにあたり、山口さんは通常学級にするか特別支援学級にするか悩んだ末、通常学級に通わせることにしています。山口さんは私のところに相談に来られた友人にこう話しています。

「みんなは特別支援学級だって言うんだけど、この子には、できるだけみんなと一緒に勉強したり、普通に過ごす時間があったほうがいいと思って……。」

他者との関係性をつくることが苦手な息子さんの特性に配慮した結果の選択だったのでしょう。友人は山口さんの選択に息子さんへの深い愛情を感じ、いつも一人で頑張っている彼女の手伝いができないかと思ったといいます。そのうえで、友達として手伝うのもいいが地域のしくみとして行わないと後に続かないと思い、社会福祉協議会の協力会員になり、社会福祉協議会の制度を利用して週1回、その息子さんの学修サポートを始めました。

社会福祉協議会は「住民相互のたすけあい」のもとに様々な福祉支援活動を行っており、有償ボランティア活動もそのひとつです。協力会員は一定の研修を受けた後、高齢者や障害のある方、産前産後の方等、日常生活に支障があって困っている方の自宅等を訪問し、有償のボランティアで家事や外出などを手伝います。

しかし、私は、重度障害児の対応や医行為等はボランティアさんでは難しく、医療職や福祉専門職によるボランティアの組織化が必要ではないかと感じています。山口さんの友人の場合、山口さんの息子さんが小さい頃から山口さん親子とかかわっていたから、お母さんの考えも息子さん本人とのかかわり方も、また、かかわる際に配慮しなければいけないポイントもわかり、対応可能だったのではないかと思います。

長女・次女の出産

その息子さんが小学5年生になったとき、山口さんは元気な女の子を出産しました。そしてその1年半後、3人目の子どもである女の子を出産しています。息子さんが一人で通学できるようになり学修サポーターも配置されたことで気持ちと時間に余裕ができただけでなく、「できれば元気な子どもを育ててみたい」「自分がいなくなったあと、息子を支えてくれる兄弟・姉妹が欲しい」と考え、専門医や夫、実母とも相談し、妊娠・出産を決意したといいます。

姉妹への期待のあり方についてはいろいろな声があると思います。それらの議論は他に譲るとして、私には、山口さんの決断は重度の障害を持つ子の将来を考えた親の切実な願いが感じられます。友人も、障害児を養育する母親の大変さを山口さんに感じ、あらためて自分にできることはお手伝いしようと思ったのだと、当時の心境をおっしゃっていました。

特別支援学校への就学支援

息子さんが小学5年生になり卒業が見えてきた頃、山口さんは息子さんの次の進学先を検討し始めています。山口さんは、他者との関わりが難しい息子さんが将来適切なサポートを受けながら就労し、自立した社会生活を送れるようになるために、中学校は特別支援学校に入学させようと考えました。

特別支援学校は、2006年の「学校教育法等の一部を改正する法律」で「ろう学校」「盲学校」「養護学校」が一本化されてうまれた学校です。視覚障害者、聴覚障害者、知的障害者、肢体不自由者又は病弱者（身体虚弱者を含む）に対して、幼稚園、小学校、中学校又は高等学校に準ずる教育を施すとともに、障害による学習上又は生活上の困難を克服し自立を図るために必要な知識技能を提供しています。

山口さんは娘さんたちを保育園に送り届けたあと、息子さんの障害に合った特別支援学校を探すために、何度も学校担任や当該区及び都道府県の教育担当者と相談しては実際に学校の見学に出かけたといいます。それだけに、学校が決まったときに「やっと決まったー！」とすごく喜んだ山口さんをみて、その友人は自分のことのようにうれしかったと話してくださいました。

ケアする本人が乳がんを発症

しかし、その喜びも長くは続きませんでした。山口さんが次女の授乳中から気になっていた右胸部のしこりが、ステージⅢの乳がんであることがわかったからです。

山口さんは子どもたちを実母にお願いし、入院・手術に臨んでいます。術後は抗がん剤治療の副作用と戦いながら娘たちを育て、息子の通学にも付き添っていました。山口さんは、

「自分がいなくなっても息子が通学できるようにしてあげたい。できれば特別支援学校の高等部に進学させてあげたい。学校や福祉行政には彼を就職まで支えてほしい」と考え、息子さんに電車の乗り方や道順を教えていたといいます。

しかし、病状はどんどん悪化し、山口さんは入院先の病院で亡くなりました。長女3歳、次女1歳半、息子さんは特別支援学校の中学1年生でした。

がんは、2章で見た複合課題に陥りやすい3つの状況を全て引き起こす疾患です。山口さんの場合、重度障害者の息子さんが将来困らないよう、常に周囲の環境を整えたり、接し方を考える必要がありました。また、夫や娘たちの健康的な生活を維持するためには、栄養バランスを考えた食事づくりや、衛生環境を整えるための掃除、洗濯等をこな

す必要もありました。そのため、しこりがあると気づいていながらも、自身の健康に気を遣う時間も、気持ちの余裕もなかったのではないかと思われます。

息子さんのその後

山口さんの死後、山口さんの実母は、「息子を学校に通わせてほしい」という山口さんの遺言に沿い、息子さんを学校に連れていこうとしました。しかし、息子さんは、

「お母さん、いない」

「お母さん、会いたい」

と言うだけで自宅から出ようとせず、やっと連れ出しても、通学途中の電車から突然下車しては自宅に帰ってしまい、そのまま引きこもりになってしまいました。


その後息子さんは東北の養護施設に入所しています。自宅から出ようとしない息子さんのことを知り、どうにかできないかと思って私に相談に来られた友人は、

「私も、いろいろあって自分のことで精一杯だったんです。でも、山口さんの無念さ

を思うと、私に何かできることはなかったのか……。」

と苦渋の表情を見せた後、さみしそうにつぶやかれました。

「でも、他人の私にはどうにもできないんですよね……。」

3 連続する在宅看護・介護で非正規雇用を選ばざるを得なかった母子家庭の娘のケース

足立さん（仮名）は40代後半の独身女性。母子家庭で育ちました。ものごころがついたときから母親は毎日仕事に出ていて、足立さんはいつもペットのネコと一緒にお母さんの帰りを待っていました。

高校卒業後、演劇の道に進むため、足立さんはアルバイトをしながら劇団員として活動していましたが、20歳を過ぎ「さすがに、きちんと就職しないとまずいな」と思い、劇団を辞めて企業に就職し、正社員として働き始めています。

乳がんの母の看護・介護のため退職、非正規雇用へ

仕事を始めて4年ほどたった時、母親が乳がんになりました。足立さんは、手術と入退院を繰り返し抗がん剤治療の副作用に苦しむ母親を見て、「これまで育ててもらった恩返しに、母の面倒をみようと決心した」といいます。そして、お母さんの看護・介護を行うために勤め先の企業を退職して、時間がやりくりできる非正規のパート職員になりました。まだ30歳前だったので、仕事は何とかなると考えていたそうです。

祖父母の生活介護

足立さんは自分が住むアパートの家賃と生活費、ネコを飼う費用をパートで稼ぎ、母の入院・治療費は祖父母から援助を受けながら、母親に最期まで寄り添い看取りました。それと同時に祖父母の自宅にも出向き、祖父母の生活も支えています。

「じーちゃんとばーちゃんには、自分が小さい時から、金銭的な援助だけでなく、普段の生活も含めていろんなことを助けてもらってたんですよ。本当に、すごくよくしてくれて……。」

その祖父母が80歳を過ぎて日常生活に困りごとが出てきた以上、今度は自分が支えようと思ったと足立さんはいいます。

「食事の準備をしたり、掃除、洗濯とか、高いところからものをおろしたりとかなんですけどね……。」

と、てれ笑いしながら話すその姿に、私は、足立さんに自分が正規雇用の仕事に戻ることより祖父母の介護を優先させたのは、母子家庭だった自分たちの生活とお母さんの闘病を支えてくれた祖父母への、深い感謝の気持ちだったのではないかと感じました。

脳梗塞の祖母の在宅医療・看護・介護

自宅で飼っていたネコを見送り、一人になった足立さんは、祖父母の自宅に転居しました。そして数年経ったある冬の日の朝、ベッドサイドに倒れている祖母を発見しました。救急車で搬送された祖母の疾患は脳梗塞でした。治療後、寝たきりになり、全介助が必要になった祖母を、足立さんは迷わず自宅に連れて帰っています。

「じーちゃんは89歳なんだけど、まだ元気に働いてたんですよ。でも、昔の男の人だから、台所とか掃除とか、全部ばーちゃんがやってて、家のことはろくにできないんですよね。だから、どうせなら私が自宅でばーちゃんを看病して、じーちゃんは最後まで働かせてやりたいなぁと思って……。」

それで自分がやるしかないと思い、足立さんは、祖父の仕事を支えるために家事を援助し、祖母には在宅診療・看護や介護サービスを活用しながら、亡くなるまで自宅で看護・介護を続けています。

国は高齢者の就労支援や定着支援を進めていますが、高齢者が元気で仕事を継続できているかげには、表には現れない家族の見えない努力——場合によっては犠牲——があることを忘れてはいけないと思います。

祖母を看取った後、祖父を在宅看護・介護

そうやって無事祖母を看取り、ホッとしたのもつかの間、今度は仕事に出かけた祖父が滑って転び、急性硬膜下血腫で入院・手術後、寝たきりになりました。足立さんは祖母と同じく訪問診療、訪問看護、介護サービスを導入して祖父を自宅に連れ帰り、祖父

の看護・介護を続けました。

長年町内会の役員を務めてきた祖父のところには、寝たきりになった祖父に会いに、たびたび町内会の友人が訪ねてくれたそうです。秋のお祭りには、祖父のために神輿の休憩所を自宅の庭先に設け、「じーちゃん、見えるか？　神輿だぞ！」と、みなが励ましてくれました。足立さんも神輿仲間によく飲みに連れ出してもらったといいます。

この飲み会が一種のレスパイト（介護者の休息）になっていたのではないでしょうか。飲み会を通じて外に連れ出し、日ごろの介護疲れを払しょくする機会をつくってあげることが、祖父母の看護・介護が続く足立さんに対する、町内会の人たちの支援だったのでしょう。

転倒から1年後、祖父は自宅で亡くなりました。

自宅に引きこもっていた足立さんのその後

20年にもわたり、母、祖母、祖父の看護・介護とパート勤務を両立させ続けてきた足立さんは、祖父を看取った後、何もできなくなりました。

「家事と看病が私の全てだったから、もうどうしていいのかわからなくなって……。」パートの仕事も辞め、自宅にひきこもっていた足立さんは、その頃いつも「死にたい」と思っていたといいます。

そんな時、里親を探していた友人からネコを譲り受けた足立さんは、まだ哺乳瓶でミルクを飲ませなければならない子ネコの世話をしているうちに、「この子のためにもう一度頑張ろう」と思えるようになってきたといいます。そして、久しぶりに出かけた町内会の飲み会で何気なく仕事の話をしたところ、「うちで働いてくれないかなぁ」と言われ、46歳で清掃会社の正職員になりました。

足立さんは、携帯に入れたネコの写真を眺めながら、私におっしゃいました。

「やったことないから心配だったんだけど、この子のためには、どんなことがあっても頑張らなきゃなんないし……。ずっと親やじーちゃんたちを看てきて思ったんですけど、一番の敵は『孤独』なんですよ。この子が来てくれたおかげで、さみしくなくなったし、この子がいるから働くし、この子がいるから早く家に帰ろう、体に気をつけようって思うようになったんで……。」

「この子を見送るまでは死ねない」と笑いながら見せてくれた写真のネコは、きりっとしたイケメンの雄ネコでした。

4 育児負担と義母、実母、実父の在宅看護・介護と夫の無為が離婚に発展したケース

保育園に通う息子さんと自営業の夫との3人家族の麻布さん（仮名）は、都内の高校教員をされている40代後半の女性です。かつてOLをしていましたが、自分の生活を維持するだけで精一杯の給与しか得られず、やりがいが見いだせなくなった仕事から脱出しようと一念発起し、働きながら夜間大学に通って教員免許を取得しています。その後、都内の定時制高校の教員として働きながら結婚・出産し、子育てと仕事を両立していました。

難病の義母の介護と子どもの育児

義父が亡くなった後、一人暮らしになった義母が転倒を繰り返すようになりました。近隣の総合病院に受診したところ、小脳変性症であることがわかったため、将来寝たきりになることを予測して、麻布さん夫婦は二世帯住宅を建てています。そして、1階で義母への訪問介護と配食サービスを受け、実母にも手伝ってもらいながら、義母の看護・介護、自分の仕事、子育てを同時に行っていました。義母の病状が進み寝たきりになってからは、「これ以上在宅は無理だ」と判断し、病院や施設を転々としながら、最期は病院で看取っています。

その過程で、麻布さんは一度退職を決心したといいます。

「義母は最初車いすの生活でしたが、食事と排泄が自立していたので、日中は一人でも大丈夫だったんです。病院も、車いすと介護タクシーを使って通院できました。でも、寝たきりになってからは、そうはいかなくて……。」

「施設に預けても、次に入る場所を探したり、入所や転院の手続きに追われて……。

仕事をしながら子どものことや家のことをして、施設のこともやるなんて無理ですよ。」

麻布さんはそう考え、泣く泣く退職を決めたといいます。しかし、下の子の妊娠がわかり、3年間の育児休暇がとれたことで、なんとか退職することなく、親の看護・介護を含めて頑張ることができたそうです。

多重ケアの場合、「育児か介護か」ではなく、医療・看護でも、介護・育児でも、当事者や家族の状況にあわせて休業できる制度が必要なのではないかと感じます。

アルコール中毒で認知症の実母、肺炎で医行為が必要な実父

義母を看取った数年後、今度は実父母の看護・介護が始まりました。

実母は姑の介護をしていましたが、姑を看取った後にアルコール中毒と認知症になり、失禁や転倒、異常行動（幻聴・幻覚、罵声・罵倒）が激しくなったといいます。

「母は、父だけでは在宅介護が無理な状態でした。訪問サービスも使ったんですが、夜間の呼び出しが頻発し、続きませんでした。だから私が出向くのですが、そのたびに母の逆上、罵声、憎悪の言葉を浴び続けて……。」

麻布さんは、日中は育児休暇から復帰した職場で仕事をして、家では子どもの世話と雑多な家事をこなし、夜間は母の異常行動にイライラし、他人には自宅に入ってもらいたくない気持ちになったといいます。

そこに、実父が肺炎で入院し、医療的ケアと身体介護が加わりました。麻布さんは、二人同時に在宅看護・介護をするのは無理だと考え、両親が入所できる施設を探しましたが、認知症で暴言を吐く母と医行為が必要な父を同時に受けてくれるところは自宅周辺にはありません。仕方なく、受け入れ可能なことを優先して、他県の施設に入所させたそうです。

夫の事業失敗、失業

夫はどうしていたのでしょうか。

「夫は、たまに子どもの送り迎えをしたり、親の入所先を探してくれただけで、あとは何もしない人だったんですよ。借金があるのに仕事もしないし、家事もしない。」

「立ち上げた事業が失敗して3000万円の負債を抱えていたので、母と私が肩代わりしてたんですが、その資金も勝手に他に流用して……。いつもテレビの前でゴロゴロしている夫をみると、本気で腹が立って……。」

最後は家から追い出し、離婚されています。

家族のその後

施設に入所した実父母のうち、お父さんのほうは施設と関連病院を行き来しながら最期は病院で亡くなっています。お母さんのほうは、適切な施設環境の中で理性を取戻し、ようやく「人らしくなった」といいます。そんな母親の姿を見て、麻布さんは「やっぱりプロにお願いすべき」だと感じたそうです。

そしていま、仕事を終えて帰宅する自宅からは、子どもたちの笑い声が聞かれるようになり、「母として子どもの生活環境を整えることができてホッとした」と笑顔で話されました。

5　育児、親の在宅看護・介護と夫の裏切りが妻の人生を狂わせたケース

小山さん（仮名）は、都内在住の50代後半の女性です。実家のある足立区で高校を卒業し、その後デパートで働いていましたが、20代前半で結婚して退職した専業主婦です。

実母の看護・介護と二人の子育て

結婚後、小山さんは二人の子どもをもうけています。下の子が生まれてすぐ、母親の容態が悪化して入院したため、1歳4ヶ月と1ヶ月の子どもを車に乗せ、埼玉にある自宅と千葉県内の総合病院を往復する生活が始まりました。産後1ヶ月の体で、小さいお子さん二人をつれて親を看護・介護するのは身体的にも精神的にも負担が大きかったのではないかと思いますが、小山さんは、

「当時は、子どもが親の面倒をみるのは当たり前、家のことは女がするのが当たり前だと思っていたので、毎日、夫が出かけてから病院に向かい、夫が帰ってくる前に帰宅

して、食事、洗濯、買い物等の家事は、すべて自分がしていました。」と話されました。

私は小山さんに、育児と親の看護・介護、家事が両立できた秘訣は何だったと思うかと聞いてみました。小山さんは「車ですね。車が運転できたからやれたんだと思う」と、移動手段の重要性を強調されました。

ただ、育児の悩みは消えなかったそうです。

「せめて子どもだけでも落ち着いて過ごさせてあげたいと思い、市役所に相談したんです。当時は介護を理由に子どもを預かってくれる公的機関がなくて、紹介された『保育ママ』の制度も、利用するには一人8万円の費用が必要で……。」

それよりなにより、市役所の担当者が問題を一緒に考えてくれなかったことが辛かったといいます。

また、小山さんはこんなことも言っています。

「でも、母の入院先で同室の患者さんが子どもたちをかわいがってくれましたし、病室で楽しそうに遊ぶ子どもの笑顔に救われました。」

小山さんのお話を聞きながら私は、入院患者である母親やその娘である自分のことを気遣うより、これからの命である子どものことを気遣ってくれる人たちの存在が、小山さんの気持ちと行動を支えていたのではないかと感じました。

父のうつ

その後母を看取り、3人目の子どもをもうけた小山さん夫婦は、夫の転勤にあわせ、お兄さん夫婦と父親が同居する実家の二世帯住宅に転居して3世代同居となりました。兄夫婦は共働きだったため、父親の生活の世話は、仕事をしていない小山さんがすることになったといいます。「外で働きたかったんだけど子どもが3人いるし、おじいちゃんの世話もしなきゃなんないから出られなかった」と話す小山さん。しかも、その父親が抑うつ状態になり、仕事どころではなかったといいます。症状がどんどんひどくなり、食事の量もおちてきましたが、そのとき、ママ友の一人だった看護師さんに、

「今までやっていた仕事ができて、そこで友達ができれば元気になるかもしれないから、試してみたら？」とシルバー人材センターを紹介されたそうです。

センターで働くようになって元気を取り戻した父親の姿に、小山さんは「これまで以上に家の仕事に力が入った。」とうれしそうに話されました。

アルコールとギャンブル依存症の夫

そうやって専業主婦として家族を支えていた小山さんの生活が一変したのは、消費者金融からの一本の電話でした。休みの日には積極的に家事や子どもの世話をするイクメンの夫は、その一方で、ギャンブルや酒代で複数の金融機関から２０００万円もの借金をしていました。

「私を保証人にしてお金を借りてたみたいで……。家にいると、ひっきりなしにサラ金から電話がかかってくるんです。もう気がヘンになりそうで、出歩いてばかりいました。」

「子どもの教育資金に貯めていた貯金や、子どもの生命保険も全部使われていて、明日から子どもたちの食事や学費をどうしようと、目の前が真っ暗になりました。」

父の末期がん

そこに、父親の末期がんが加わりました。入院・手術を経て、あれほど元気に仕事をしていた父が余命いくばくもないとわかったとき、小山さんは看護師のママ友に相談し、家族のことも考えず勝手なことばかりする夫と離婚されています。その決断に力を貸したのは退院間もない父親でした。そして小山さんは、その後再入院した父に、最期まで寄り添い続けました。

その間、子どもたちには全然かかわることができなかったといいます。

「兄や友人に子どもの食事をお願いしたり、娘が体調を崩したときは看護師のママ友に娘をお願いして、父に付き添いました。子どもたちのことは放りっぱなしで、何も見てやれなかった。でも、私と子どもたちを助けてくれた父を最期まで看てやりたかった。

もうどうしようもなかった。」

小山さんはため息交じりに話されました。

家族のその後

実父を看取った後の小山さんは、子どもの学費と生活費を得るためにパート勤務に出ています。必死に働き、子どもたちを大学まで行かせた小山さんに、一番大変だった時期を聞いてみました。

「頼りにしてきた父がもうすぐ死ぬことがわかり、同時に夫が子どもの教育費までみんな酒やギャンブルに使っていたとわかったときです。子どもたちにご飯を食べさせなきゃなんないし、学校にもやらなきゃなんないのに、何やってんだと思って……。」

「うつだったんだと思います。外に出たくないし、何にもしたくなくなって……。イライラして子どもにあたって、今なら何でもない兄弟げんかを、すごい剣幕で怒ったり……。」

小山さんは、自分ではわからないうちに、大事な子どもを虐待していたことに気がつき、「子どものために、無理をせず今できることをしよう」と考え、パート勤務を辞めています。そして、好きだった人形作りの講師として働き始め、やがて3人の子どもたちを自立させ、現在は仕事量をセーブしています。

「忙しかったから気がつかなかったけど、知らないうちに病気になっていたんですよ。難病一歩手前の病気らしいんだけど、血液の数値が少しだけ難病に当てはまらないので、受診するたびにすごい医療費がかかって思うように受診できないんですよ。無理をしないことにしたから収入は全然足りないけど、子どもたちがお金を入れてくれるようになったので、体も生活も、以前よりはましになりました。」

と苦笑する小山さん。そのそばで、大学を休学しながらバイトで貯めたお金で卒業し、無事社会人になった娘がつぶやきました。

「私は一生結婚しない。ずっとママと一緒にいるよ。」

6　発達障害児の子育てと義父母の介護と身内による義父母への経済的虐待その他が複合課題に発展したケース

葛西さん（仮名）は、二人の息子さんの育児と仕事を両立する50代前半の女性で、結婚後、子育てしながら大学から大学院に進学しています。夫は三人兄弟の長男で、義父母は三男が建てた二世帯住宅に住んでいました。

義父の借金の肩代わり

葛西さんが夫と結婚してすぐ、義父の借金が発覚しました。

義父は若いときから競輪が趣味で、仕事の合間に自分の小遣いでギャンブルを楽しんでいましたが、よそから借金をしてまで車券を買うようなことはありませんでした。それが一変したのは三男と同居し始めたときでした。三男が義父母の年金すべてをローンの支払いに使い始めたのです。

しかも、「年よりは生きている価値がない」「仕事されると俺の税金が高くなるからやめろ」といった暴言を義父母に浴びせていたようでした。

「三男の経済的虐待なのは明らかなんですが、三男と話をしても会話にならなくて……。」

葛西さんは、何とかしようと義母にもかかわりましたが、義母は

「お義父さん、年金が取られてお小遣いが減っちゃったから、競輪で増やそうとして金融会社にお金を借りちゃったみたいで……。」

と、義父のギャンブルがとめられません。

義父母のおかれた状況がわかっても、両親を引き取れない葛西さん夫婦は、黙っているしかなかったといいます。

そして、泣いて義父の借金の肩代わりを頼む義母のために、葛西さんの奨学金もあわせて330万円もの額を拠出しています。

2005年に施行された「高齢者虐待の防止、高齢者の養護者に対する支援等に関する法律（高齢者虐待法）」では、虐待を受けたと思われる高齢者を発見したときは市町村に通報するよう義務づけられています。しかし、当時はこのような義務（または努力義

務）もなく、家族が個別で解決するしかありませんでした。

悪戦苦闘する子育てと仕事と単身赴任

大学院を卒業した葛西さんは、６歳と1歳の子どもをつれて関西地域に単身赴任しました。卒業したら働くのが当たり前と思っていた葛西さんは、自宅から通勤できる場所を探しましたが、適当な職場がありませんでした。

「夫は仕事があって一緒には行けないのですごく迷ったんですが、その関西の職場には寮があって家賃が安かったし、寮と職場、保育園、スーパーが自転車で5分圏内だったので、これなら一人でも大丈夫かなって思って……。」

共働き夫婦の葛西さんのお宅では、それぞれの給与をそれぞれが管理し、金額がはる家族の住宅費用を夫が出し、子どもの保育園の費用や食費は葛西さんが払っていました。夫は葛西さんの単身赴任先の住居の費用までは面倒が見られないということで、葛西さんが子連れで単身赴任できるためには、家賃が安いことと、小さい子どもを連れていても生活しやすいことが必須条件だったといいます。

市役所の担当課職員が親身に保育園の相談にのってくれたことも要因になり、葛西さんは単身赴任に踏み切りました。そして赴任先で3年の実績を積み、その後、現在の自宅近くの職場に転職しています。

この頃、葛西さんは、下の子の変化に気がついています。

「下の子が、どうも落ち着きがないし、ききわけがないんです。子ども同士の関係もうまくつくれないし……。もしかしたら発達障害じゃないかなって……。」

そう思いながら、日々の子育てと仕事の両立に悪戦苦闘していたそうです。

義父の脳梗塞、介護と扱いの難しい義母

同じ時期、義父が脳梗塞を起こし、介護が必要な状態になりました。

義母による自宅介護の状況をみた葛西さんは、「これでは義父の身体機能が悪化する」と感じ、何度も義母にプロのリハビリサービスの導入を進めましたが、義母はかたくなに拒否し続けます。同居する三男に提案しても、「父の面倒は母がみるのが当たり前

だ！」と取り付く島もなかったそうです。

そのうちに夫の海外赴任が決まり、家族で海外に転居した葛西さんが2年後に帰国したとき、義父はほぼ寝たきりになっていました。


帰国後、葛西さんは再就職し、仕事をしながら扱いの難しい義母に対応しています。

「仕事から帰って家で子どもたちと食事してると、突然義母が家に来るんですよ。」

「お金がないとか、三男にこんなこと言われたとか……。義母とケアマネさんの関係も悪くなってて、いつも泣きながら話して帰るんです。」

義母がかたくなに介護サービスを拒否していた理由が、実はお金がなくて、サービスを使いたくても使えないせいであることを突き止めた葛西さんは、日本と海外を行き来する夫に代わり、経済をめぐる家族会議と義父の介護サービスの双方を調整したそうです。

義父はその後状態が悪化し、二男が勤務する病院に入院して亡くなっています。

発達障害の息子の不登校、うつの義母、自身の疾患

仕事と義父母の対応に明け暮れているさなか、小学4年生になった下の息子さんが、いじめをきっかけに学校を休むようになりました。

「毎日お風呂で泣いていて……。いろいろ話を聞くと、担任の先生の対応もよくないみたいだし、時々帰国するお父さんともうまくいってないみたいで……。」

葛西さんは必死に仕事を調整し、学校や教育センター、児童相談所に出向いては相談し、子どもにカウンセリングを受けさせたといいます。小児精神科にも受診し、発達障害児の教育が専門のNPO法人に相談に行ったりもしました。しかし、人間不信に至った息子さんは誰ともかかわろうとせず、不登校も解決しませんでした。

時を同じくして、子どもの頃に手術した膝が加齢とともに変形して痛みが強くなった葛西さんは、整形外科を受診します。

「このままじゃ歩けなくなる、手術が必要だって言われたんですが、義母や息子、仕事のことがあるので休む暇がなくて……。」

葛西さんは、自分で専門医を調べて受診し、自分の体のことはリハビリでやりくりしながら、息子と一緒に特別支援学校やフリースクールを見学し、山村の体験入学も経験しています。しかし、どれもうまくいきません。葛西さんは息子さんに、「あなたは発達障害で、個性があるんだよ」「病気じゃなくて個性なんだよ」と障害について説明し、通常学校から私立のフリースクールに転校させています。

しかし、それでも不登校は解決できず、息子さんは自宅に引きこもって暴れ、家の中はぼろぼろになっていきました。

その後うまくいきはじめたのは、フリースクールの担任から教えてもらった小児精神科へ転院・受診したことがきっかけでした。病院が変わり、処方薬とカウンセリングで落ち着きを見せはじめた息子さんは、中学3年の二学期から毎日通学するようになりました。その後は、母子二人で調べ、何度も見学に行った発達障害教育に定評がある私立高校に進学しています。その高校では学生寮に入り、父親との距離も取れるようになったことが良い方向に作用したようでした。

さらに葛西さんは、義父が亡くなった後抑うつ状態になった義母にも対応しています。当時の義母の状況についてはこう話します。

「夜、しょっちゅう家に来て、泣いて話しては帰っていくんです。話を聞いてると、完全に三男と共依存になっていて……。区役所の担当課に電話して、義母と三男の間に入ってもらって、ようやく義母の年金を取り戻したんです。」

資金さえあれば、あとは調整次第です。葛西さんは夫と次男の兄弟二人でお金の相談をしてもらい、住居費と食費は義母の年金で、そして次男が義母のお小遣いを、葛西さん夫婦が光熱費と介護費用を受け持つことになりました。義母の情緒面に関しては、葛西さん夫婦の自宅近くの施設に入所させ、夫が毎週会いに行くことにしました。こうすることで義母は落ち着き、最近笑顔もみられるようになったそうです。

家族のその後

義母が義母らしさを取り戻していく過程に合わせ、寮生活を始めた息子さんも、一時期は担任とうまくいかず不登校になりかけたものの、教育主任や寮の先輩が間に入ることでおさまり、今は毎日元気に登校しています。また、夫も息子さんの個性や価値観を捉えなおすことができ、父子の関係性も良くなってきています。

「ITの仕事をしたいから、大学は情報大学に行きたいんだけど、どこに行こうかなぁ」と、自らの進路と将来を考え始めている息子さんの姿に、葛西さんもようやく自分のやりたい仕事に向かうことができるようになったといいます。

「仕事はこなしているけど、やりたい仕事にはぜんぜん手がつけられなくて……。うちのことが忙しすぎて、気が向かないし、できなかったんですよね。」

「それでも、やってみてだめだったら、またやってみてと……。それを繰り返していくと、いつか必ず良くなるときが来ると思ってきました。」

耐え続けてきた20年間を振り返っての、葛西さんの述懐です。

「やっと落ち着いたんですね。この頃、私が忙しそうにしているときは、夫がご飯をつくってくれるようになったんです。私がニコニコしているのが一番だって。」

「……ようやく私らしく働けるようになってきたような気がします。」

そう話す葛西さんの表情は、とても穏やかでした。

第4章

家族の複合課題がもたらす影響と支援のあり方

第3章では、複合課題に陥った個人や家族の実態を紹介しました。ご紹介した6つの事例のみならず、私がこれまで対応したケースや、調査研究から把握したケースをみていると、複合課題を解決あるいは改善できたかどうかにかかわらず、いくつかの共通する傾向がみられます。

第4章では、各種データもふまえ、複合課題が私たち個人や家族、社会にもたらす影響と、そこから考えられる必要な支援のあり方を検討します。

【複合課題がもたらす影響1】仕事ができなくなる

在宅看護と在宅介護は違う

最初に取り上げる複合課題の影響は、仕事ができなくなることです。

多くの事例をみていると、「在宅看護」が必要な家庭で複合課題の状態が発生し、介護者は仕事を継続することができなくなっています。

「在宅介護」と「在宅看護」は違います。介護保険制度の施行により、高齢者領域では、介護専門職による認知症高齢者グループホーム等の施設介護や、訪問による身体介護サービス等、新たな介護サービスの創設と普及・拡大が図られ、「介護の社会化」が進みました。また、地域福祉の推進により、高齢者の見守りや食事の支度、掃除、洗濯等の生活支援等は、住民ボランティアによる外部サービスも含めて提供されています。これらは在宅介護のなかでも特に需要が多いサービスです。

また、医療従事者と家族でなければできなかった医行為も、法制度の改革で、痰の吸引と経管栄養は一定の研修を受けた人なら「医療的ケア」として実施できるようになり、在宅看護を担う家族の負担は大幅に軽減しました。

しかし、たとえばインスリン注射や腹膜透析、排便のコントロール等の医行為は、法律に規定されている医師や看護師などの医療従事者か、本人または家族でなければ実施できません。また、抵抗力が少ない子どもや高齢者、基礎疾患がある人の疾患の発症や重度化を未然に防ぐ健康管理は、人体の解剖・生理、あらゆる疾患や急性期の治療及び予防方法を理解する医療従事者でなければできません。

増加する在宅医療ニーズにあわせ、訪問診療医の数は増加しています。訪問診療は2週間に1回もしくは1ヶ月に1回の定期訪問が基本で、その隙間を埋めるのは訪問看護師と家族です。介護保険制度が施行されて以降、訪問看護師の数も増加してきてはいますが、在宅介護サービスに比べると在宅看護は人材面もサービスの充実度でも、まだまだ不足しています。

ということは、医療従事者がいない間の在宅看護はやはり家族が担わなければならない。つまり在宅での「看護」の負担はまだまだ軽減されていないのです。そのうえに働けと言っても、困難な話です。

働きたくても働けない

介護保険制度が導入されてもなお、介護等を理由とする離職に大幅な改善がみられず、非正規雇用等への転職者も増加しています。

内閣府「平成29年版高齢社会白書」によると、介護や看護を理由に離職する人は女性が多く、離職者全体の8割を占めています。また、2016年の総務省統計局「労働力

■ 介護や看護を理由に離職する人は女性が多く、離職者全体の8割

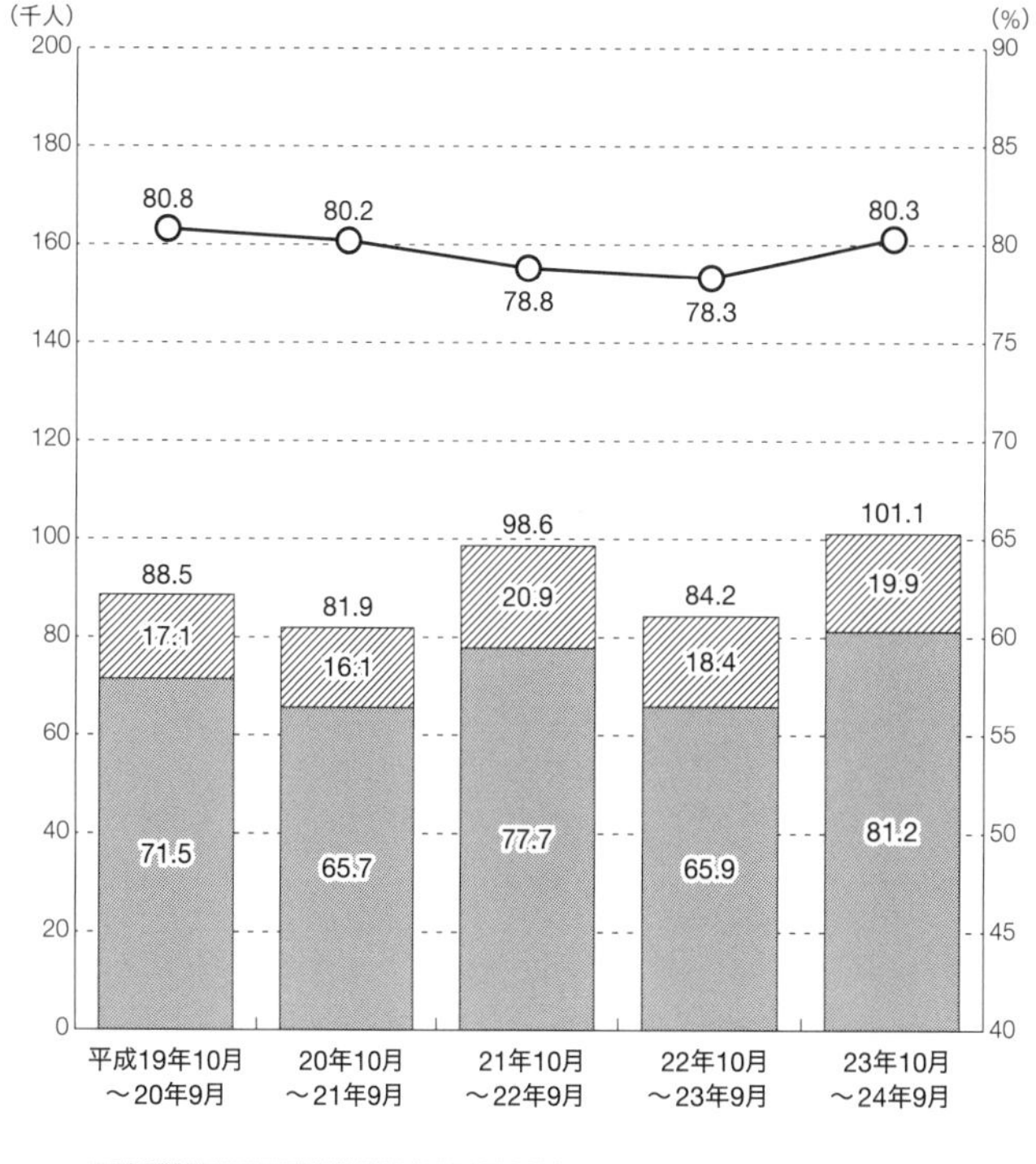

出典：総務省「就業構造基本調査(平成24年)」、内閣府「平成29年版 高齢社会白書」より作成

調査」によると、非正規の職員・従業員に就いた主な理由で最も多いのは、「自分の都合のよい時間に働きたいから」で共通しており、男性は148万人（25・0％）、女性は366万人（28・1％）。前年に比べ、男性は10万人、女性は12万人も増加しています。二番目に多い理由は、男性では「正規の職員・従業員の仕事がないから」で147万人（24・8％）、女性では「家計の補助・学費等を得たいから」で326万人（25・1％）です。

この方たちは、楽をしたいから「自分の都合のよい時間に働きたい」のではなく、在宅医療・看護を必要とする家族を看護するために、「家族の都合に合わせた時間でなければ働きたくても働けない」のではないでしょうか。

また、家族それぞれの状況やニーズに応じて必要となる外部サービスや教育等にかかる費用をまかなうためには、そこで働きたいと思っても、少しでも賃金の高い別の職場に転職せざるを得ない方も多いのではないかと思います。

働きやすさとやりがいを支える制度設計を！

雇用する側のみなさまにお願いしたいのは、多様な働き方を必要とする勤労者の事情を知り、受け止め、どうすれば働き続けられるのか、そのためにはどんな雇用及び就労形態が必要なのか等を自社の課題としても地域の企業社会の課題としても捉え、制度設計に取り組んでいただきたいということです。

仕事に打ち込みたくてもたった１～２時間の介護・看護のために時間で帰らなければならず、そのせいで不本意ながら非正規雇用を選ばざるを得なくなっている人たちは、年収があがらず、働きがいも失い、外部サービスすら活用できない家族をうみだします。人口減少の時代において、組織を支える人材は「人財」です。個別の勤労者が働きがいや仕事の継続意思を持てるようにすることは、地域の企業社会全体にとって大きな財産になると思います。それが引いては自社の繁栄と継続にもつながると、私は信じています。

看護の社会化

そして、国や自治体、各種機関や団体の方にお願いしたいのは、子どもや現役世代、高齢者、障害者・児等、住民の健康と日常生活を支えるために、領域や年代に縛られない多様な在宅看護サービスを創設し、普及・拡大を図り、それらを通じて「看護の社会化」を進めてほしいということです。

その時には、全年代・全領域の専門職との協働で進めるべきです。

たとえば、複合課題に陥った個人や家族を丸ごと支える訪問看護サービスや、年齢にも領域にもとらわれずに在宅療養者・児を受け入れる短期入所施設を地域内に設置する。また、生活や仕事を継続するために必要な健康支援を含む包括的な相談支援の「場」を設置する。そしてその「場」に急性期病院と地域の医療・福祉の双方がわかる専門職が配置されれば、健康課題と福祉課題が連動して複雑化した複合課題に陥っている個人・家族がどんなに助かるかしれません。

夢のような話なのかもしれませんが、そんな夢が実現する地域の環境や人材が育成できればいいのにと、私は考えています。

【複合課題がもたらす影響２】孤立する

縦割り行政でバラバラに対応され理解が足りない窓口

ふたつ目に取り上げる複合課題の影響は、孤立です。

これまで個人や家族の問題は、その個人や家族それぞれで解決することが基本でした。自治体に助けを求めようとしても、相談窓口が保健、障害者福祉、教育、雇用等、領域ごとに縦割りで分かれているため、複合課題に陥った個人・家族は、必要な個別のケアごとに、行政窓口やサービス機関を渡り歩くしかありませんでした。

しかし、そもそも複合課題は、一つひとつのケアを個別に解決しようとしても他のケアと連動し多重化してしまうことで複合課題になっているのです。

そのため、せっかく時間を取って窓口をまわってもそれぞれのケア対応だけでは解決できないことが多く、また、窓口では、既存のサービスがなければ担当者から「うちにはないです」「うちではできません」とシャットアウトされてしまい、会話が続きません。その結果、彼女ら彼らが抱える困難は、誰にも聞き入れてもらえずに終わります。

第3章の事例5の小山さんは、行政窓口に相談した際、「サービスがなかったり、費用が高くて利用できないのはしょうがないけど、窓口の担当者が困りごとを真摯に聞いてくれなかったり、一緒に考えてくれないことが最も辛かった」と話されています。必死に時間をつくって相談しても、辛さを受け止めてもらえなかったり、窓口をたらいまわしにされたうえに何も解決しないのでは、せっかく窓口があっても相談する気になれません。

介護者の孤立のしわ寄せが家族に波及する

多重のケアを抱えて複合課題に陥った個人・家族は、誰にも話を聞いてもらえず困りごとを解決できない状態が続くことで孤立し、課題を抱え込んでいきます。そうすると、自分自身も辛い思いをしますが、さらにそのしわ寄せを食うのは、弱い立場にある方々です。

弱いというのは、所得や身体能力、発言力などが制限されているという意味です。たとえば子どもは自分の希望をうまく表現することができないのが普通です。それなのに、看護・介護しているときは、そんな子どもたちの保育状況がどうなるかといえば、「子どもたちだけで留守番をさせた」「誰にも預けていない」「子どものみで頑張る」という記載が「子育て・介護複合課題」調査では多く見受けられました。

また、相談支援事例では、「子どもを連れて歩けば『かわいそう』と言われ、置いて行けば『虐待だ』と言われ……。私のほうがよっぽどかわいそうなのに、誰もわかってくれない」と涙ぐむ方が何人もいらっしゃいました。孤立してそうしなければならないほど追い詰められた方々の苦悩と葛藤を感じる瞬間でした。

子どもだけではありません。雇用状況のせいで所得が少ない家族はどうしても家庭内で発言力が弱くなりますし、疾患等で身体の自由が利かなくなった家族も同様です。一方で、孤立した家族看護者はそれらの家族を思いやる余裕が持てなくなっている……。

そうやってどんどん問題が煮詰まっていくのです。

世帯員が少ない現代の家族形態でどうするか

社会保障費が増大する一方の現在、国が在宅医療を推進していることは先にも述べました。これからは、疾患や事故や障害等による急性期の治療を終えた人たちが、継続して医療・看護を必要とする状態のまま、病院から退院してきます。核家族家庭も、勤労者の単身世帯も、父子家庭あるいは母子家庭も、年金暮らしの老々世帯も、在宅看護の担い手になる可能性があります。高齢独居世帯にいたってはその担い手探しから始めなければなりません。普通は親族の誰かが候補になるでしょうが、その人の雇用その他の状況が担い手になることを許すかどうか……。それでも無理をして背負い込むとどうなるかは、第3章でお示ししたとおりです。

この方たちが孤立して孤独になることがないよう、国や自治体は制度や領域、実施事業ごとの垣根を越えて、医療・福祉・保健等の総合相談窓口を設置するべきです。そして担当者は、相談しに来られた方の課題が相互作用して複雑化し、複合課題になっていても、「うちではできません」で済まさず、打開策を探すべきです。それで地域の関係機関や窓口との協働が必要とわかれば、それに向けて動くべきです。

そうやって相談者と家族を丸ごと支援していくのが地域包括ケアの本義ではないでしょうか。

必要ならば家庭に出向き、課題の解決に向けて当事者やその家族に伴走すれば、少なくとも一人で課題を抱え込んでしまって孤立したり孤独を感じたりする人は少なくなるのではないか。そしてそのしわ寄せを受ける子どもや高齢者等も、たとえば虐待を受けるようなことも少なくなるのではないか。私は、多くの事例からそう考えています。

【複合課題がもたらす影響３】離婚するという選択（離婚率の上昇）

妻に割を食わせている現状

３つ目に取り上げる複合課題の影響は、離婚です。

多様な課題を包括して扱う相談窓口が地域の中にできたとしても、やはり介護者が最初に相談するのは配偶者であり親族です。「子育て・介護複合課題」実態調査や、これまで対応した相談事例からも、困ったときに最初に相談するのは配偶者でした。

夫婦が共に助け合い、家族看護・介護を行うことができればよいのですが、まだまだその役割を女性が一手に引き受けているのが現状です。

女性の就業率は年々増加し、内閣府男女共同参画局の「男女共同参画白書平成29年版」によると、生産年齢人口の就業率は2016年で66・0％になっています。仕事の継続への意識も変化しており、同局の調査では50％以上の女性が、「子どもができてもずっと仕事をし続けるのが良い」と考えています。

共働き世帯の増加とともに育児介護休業法や男性による育児の支援環境の整備が進み、第1子出産時の離職率は低下しています。しかし、在宅看護・介護、育児が始まると、いまだに女性が短時間勤務やパート等へ変わる、あるいは転職・退職するといったようにキャリア上の割を食っています。私がこれまで対応したケースには、一部独身や既婚の男性もいましたが、相談者のほとんどは女性で、しかも自分の子どもや親だけでなく、きょうだいや義父母のお世話をしている方も少なからずいらっしゃいました。

■ 女性の生産年齢人口の就業率が高まっている

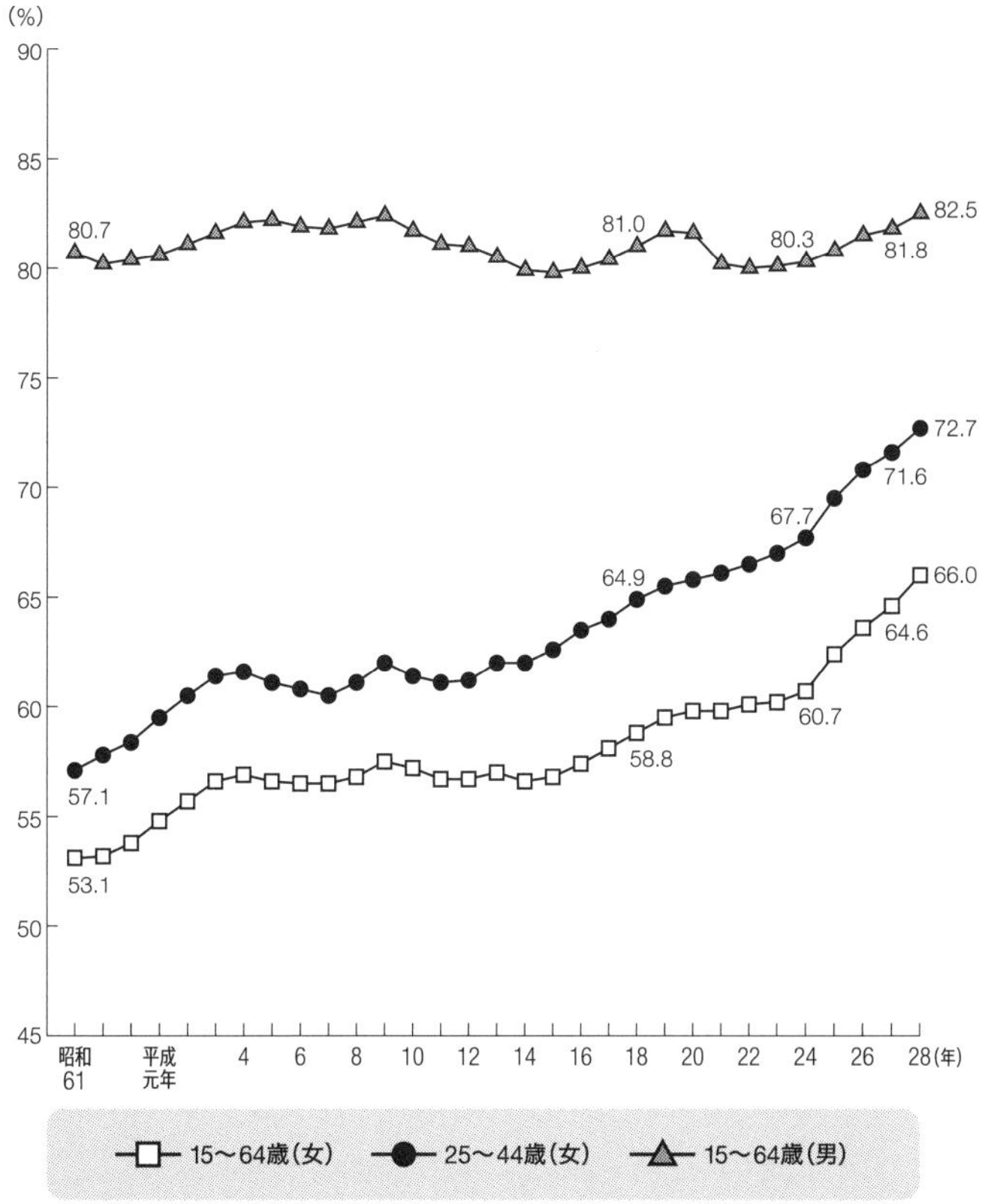

出典：総務省「労働力調査」(基本集計)、内閣府「男女共同参画白書 平成29年版」より作成

■ 女性が職業を持つことに対する女性自身の意識が変化している

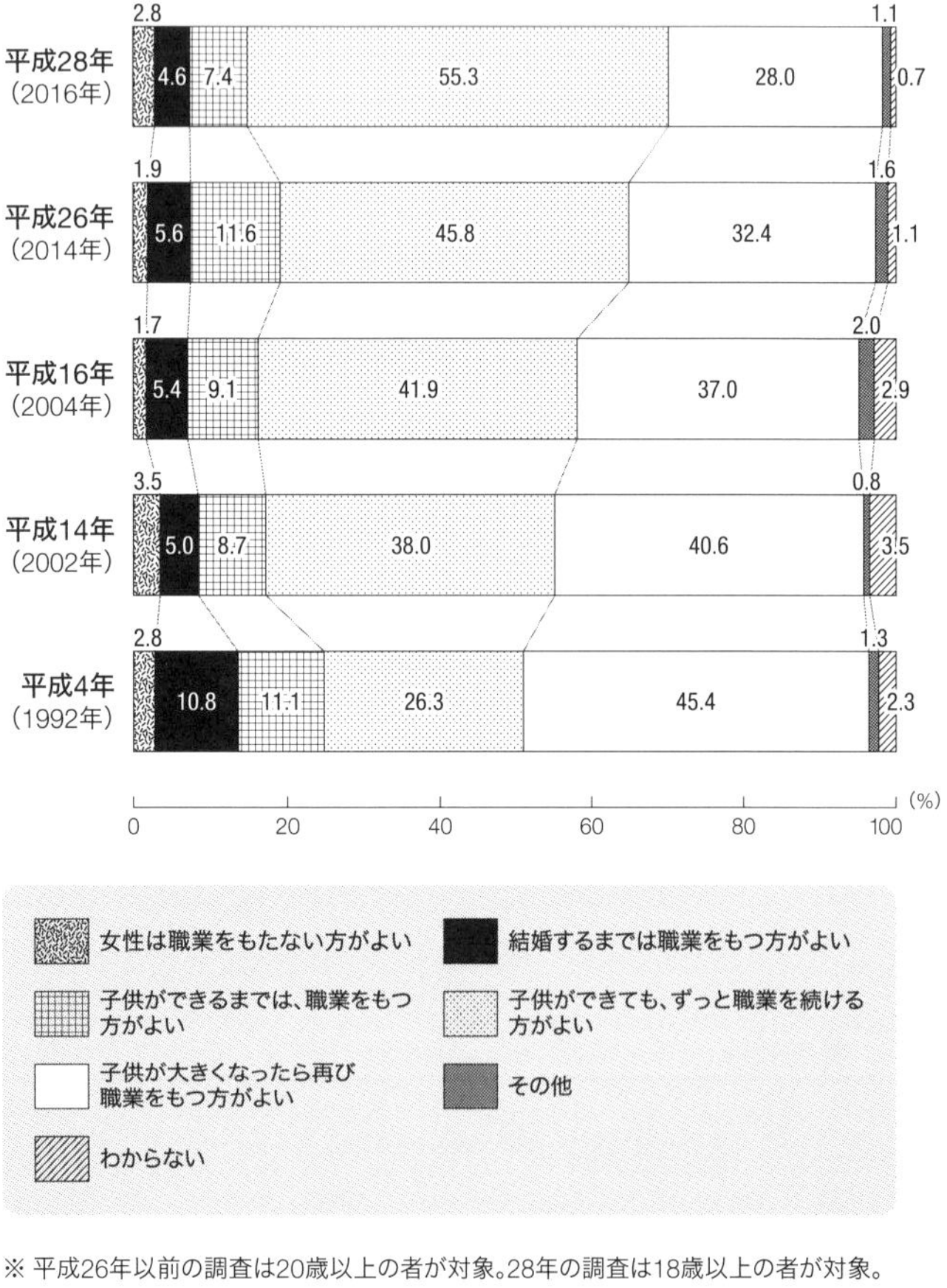

※ 平成26年以前の調査は20歳以上の者が対象。28年の調査は18歳以上の者が対象。

出典：内閣府「男女平等に関する世論調査」（平成24年）、「男女共同参画社会に関する世論調査」（平成14年、16年、28年）、「男女共同参画白書平成29年版」より作成

親族の理解と協力が不可欠

彼女たちの実際の行動を見聞きすると、自分の子どもやきょうだい、親であれば、あらゆる資源を活用して看護・介護・育児にあたり、できないところは知恵と工夫でなんとか乗り切ろうとしています。

では直接的な血のつながりがない配偶者やその親族の看護・介護や育児は「まぁこんなものでいいか」にできるかといえば、もちろんそうはいきません。にもかかわらず、お願いするときは丁寧なのに、いざ介護者が応えてやり始めると、まわりの家族が協力しない、助けないだけでなく、感謝しない、辛さを理解しない、費用も出さない、といったケースが往々にして見られます。そんな状態が続けば「あなたたちだけでやればいい」と彼女たちが思ってもおかしくないと思います。つまり、離婚するという選択です。

家族を丸ごと支える視点としくみを！

配偶者が何もしない、妻がどんなに困っていても助けない、助けるような環境をつくらない、やるのが当たり前に思っている場合は、女性は激しく追い詰められ孤立しています。そして、その場は何とかしのいでも、子どもが大きくなった、または独立した時点で離婚することが多い。実際のケースを見てきて、私はそう感じます。

複合課題に陥った家庭の男性は、家族の在宅看護・介護や育児が始まった途端に妻が追い詰められたり孤独に至ったりしないよう、行動面でも情緒面でも支えてあげてください。何もしなければ、看護・介護の最中でも、あるいは何年も経った後からでも、離婚される可能性があることを覚悟すべきです。

【複合課題がもたらす影響4】結婚しないという選択（非婚率の上昇）

現代の若者にとって結婚とは

4つ目に考えられる複合課題の影響は、非婚です。特に、複合課題に陥った家庭に育った子どもたちに、結婚しないという選択をする人が増えるように感じます。

内閣府「平成29年版少子化社会対策白書」によると、2015年の50歳時の男性の未婚率は23・４%、女性は14・１%と未婚化が進んでいます。また、同じく「平成25年度家族と地域における子育てに関する意識調査報告書」によると、男性の未婚理由は「経済的に余裕がないから」が52・０%で最も多いのですが、女性の場合、「独身の自由さや気楽さを失いたくない」が55・３%、「結婚の必要性を感じていない」が43・０%で、このふたつが主な理由となっています。さらに女性が結婚するときの条件としては、「希望の条件を満たす相手」であること（44・９%）、「働きながら子育てができる職場環境」があること（62・０%）、「配偶者の家事・育児への協力が得られる」こと（48・９%）が上位を占めます。

女性の高学歴化・社会進出とともに晩婚・晩産化が進んでいる今日、女性にとっての結婚は、子育てだけでなく、すぐにも始まるかもしれない親の看護・介護も視野に入れる必要があります。子どもの頃に複合課題家庭に育った人や、成人してからでも複合課題を見聞きした人たちは、果たして結婚を選択するかどうか疑問です。私がかかわったケースでも、「私はナイス・ワーク・バランスにしたい」「バランスが取れない結婚はし

■ 50歳時の未婚割合は男女とも増加している

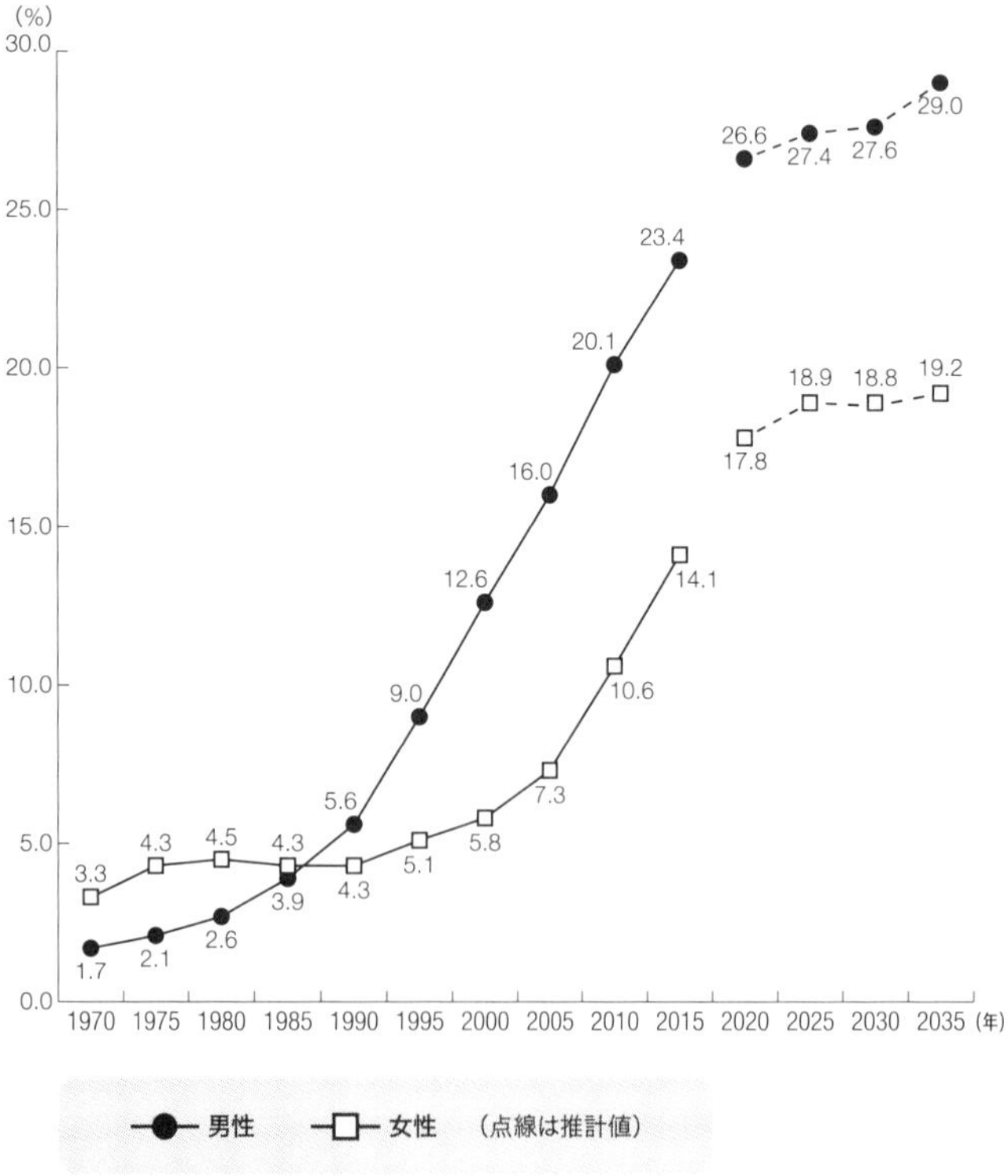

※ 1970年から2015年までは各年の国勢調査に基づく実績値(国立社会保障・人口問題研究所「人口統計資料集2017」)。
※ 2020年以降は推計値(「日本の世帯数の将来推計(全国推計2013年1月推計)」)であり、2010年の国勢調査を基に推計を行ったもの。
※ 45〜49歳の未婚率と50〜54歳の未婚率の平均である。

出典:内閣府「平成29年版 少子化社会対策白書 全体版」より作成

ない」とはっきり言う成人女性が何人もいました。ナイス・ワーク・バランスの「ナイス」は「ライフ」をもじったのでしょうか。「ライフ」になっていないところからは、どちらかといえば仕事を優先する姿勢が窺えるのかもしれません。

女性だけではありません。男性も同様です。

収入が少なくても、共に働き協力し合い、外部サービスもうまく使って楽しく家事や育児、在宅看護・介護をする両親を見て育ってきたなら、結婚は未来ある楽しいものに思えるでしょう。

しかし、夫婦が在宅看護・介護や育児を押し付け合ったり、いがみ合ったりする姿を見て育った子どもたちは、男女を問わず、身体的にも精神的にも経済的に余裕がない結婚はできないと考えても、不自然ではないと思います。

とにかくお金がかかりすぎる

平成28年ソニー生命株式会社「ダブルケアに関する調査２０１７」によると、親の医療・介護関連の月平均費用は2万9623円、子どもの保育や教育関連費用が月平均3万3087円、その他費用も1万9138円かかっており、合計すると毎月の平均負担額は8万1848円にものぼることが報告されています。

複合課題の場合、これらに加えて疾患の治療費や、ギャンブル、買い物、ゲーム等への依存に伴う出費、また、いじめ等による転校で編入した先が私立学校であれば学費は公立校より高くつきます。学校によっては寮費等の費用が別途かかる場合もあります。

2018年2月、東京都中央区立泰明小学校は、制服一式に8万円以上かかる有名ブランドの制服を導入することを発表しました。私立校ならまだしも、公立校ですらこれなのです。銀座にある学校なので成長期の年代の子どもたちにもお値段の張るステキな制服を着せたい教員や親御さんが多いんだなぁとびっくりしました。諸事情があり、そうされたのだと思いますが、制服の値段も学校の選択基準にしなければならない時代なんだと、少しさみしい気持ちになりました。

私たち大人が社会保障の再構築を

若者たちは未来ある存在です。その若者が、昔に比べて自分や家族の医療や療養費、教育費用を賄える仕事なり雇用形態なりを得にくくなっているように感じます。

このような時代だからこそ、支援を必要とする人やその家族が「自分たちだけで何とかしなければならない」と考えたり、「個人の自己責任」で解決しなければならないような環境は、次の世代に引き継いではいけないのです。

普通に働きさえすれば就労形態にかかわらずどんな人でも一人前の年収が得られる労働環境、困ったときに相談できる「場」、相談者も家族も丸ごと支える地域のしくみ、多重化した各ケアに対応する領域及び支援者間をつなぐ人材が必要です。そして、これらを維持継続するための社会保障の在り方を、私たち大人が再構築する必要があるのではないでしょうか。

そうしなければ、どんなにお見合いの機会を増やしても、待機児童を無くしても、自分のことで精一杯、家族なんて支えられないと感じる若者は結婚を決断せず、未婚率は上昇し続けるのではないかと思います。

【複合課題がもたらす影響5】子どもを産まないという選択（無子率の上昇）

晩産化と貧困化の影響

複合課題の5つ目の影響は、子どもを産まないことを選択する若者が増えることです。メディアで「駆け込み出産」という言葉がうまれるほど、女性の晩産化が進んでいます。不妊治療に助成金制度が創設され、不妊治療を行う人の数が増えたことも、晩産化が進んだ要因のひとつだと思います。

その一方で、高年齢出産による子どもの染色体異常や周産期死亡、流産等、母体にかかるリスクも明らかになってきています。さらに、スマホを開けば、毎日のように、待機児童の数や、子どもの教育費の高騰、いじめや不登校、自殺等の記事がネットを通して配信されてきます。私の周囲にも、結婚しても子どもを産まない選択をする夫婦が珍しくなくなってきています。

また、雇用形態の変化に関連すると思われる低年収化・貧困化の影響も出ています。総務省統計研修所の松村迪雄氏が行った研究「国勢調査による最近の有配偶無子女性の動向」によると、就業者と非就業者では就業者の有配偶無子率のほうが高いことがわかっています。また、教育程度別では高学歴者の有配偶無子率が高く、職業別では「専門的・技術的職業従事者」「事務従事者」及び「販売従事者」の有配偶無子率が高くなっています。特に20代後半以降は、「専門的・技術的職業従事者」で差が顕著です。

「親になる」という選択に余計な葛藤を抱えないためには

私は、かつて重度障害児を自宅で看護・養育するお母さんが、「子どもはかわいい。かわいいけど、この子が重度の障害児だというだけで、私は一生の仕事にしようと思っていた教員の仕事ができなくなった。なぜできないのか、どうしてか……。」と、静かに涙を流された姿が、今でも目に焼き付いています。

女性にとっての出産は、仕事を続けること、キャリアを積み重ねてきた職業人あるいは専門職としての存在価値を追求すること、子どもを産み育てること、子どもの将来に対して責任を持つこと等、様々な葛藤を抱えながら、親になる選択と決定を行うプロセスです。

しかし、今後ダブルケアや多重ケアの複合課題家族が増えることで、その困難な現状を見聞きしたり、あるいは幼少期にご自身が辛い経験をされたことがある娘さんは、たとえ待機児童が解消されても、ダブルケアや多重ケアの複合課題が改善されても、子どもを産まない選択をしてもしょうがないのではないかと感じています。

私は、現代に生きる若い女性たちには、自分以外の人の意見や周囲からの圧力、あふれかえる情報に振り回されて妊娠・出産を決めるのではなく、どうぞ自分自身やご自身のパートナーと、自らの人生を自らの意思で主体的に考え、選択・決定していく勇気を持ってほしいと思います。

そして、国や自治体、関係機関や専門職は、未来ある若い人たちがこれから経験する数々のライフイベントを過度な無理なく乗り越えていけるよう、領域を超えて相互に協力しあいながら支援する地域の体制をつくっていくべきです。私も専門職の一人としてできる限りその努力を続けていきます。

ひとつの提案

そのうえで、私は若い方々にこう提案したいと思います。

「仕事を続けながら、結婚して子どもを産み育て、在宅で親やきょうだい、配偶者を看護・介護することになれば、一人では解決できない問題が多々あることを実感すると思います。ケアというものは多重化するのだな、簡単に複雑化するものなんだな、ということがわかると思います。でも、だからといってそれらをあきらめるのではなく、家族や職場の仲間たち、地域の専門職や住民の方々と一緒に悪戦苦闘してみてはどうですか」と。

誰かが声を上げないと社会は変わりません。そしてその声は、実際に問題の深淵をのぞいた人か、のぞく直前まで行った人の声であればあるほど貴重です。少なくともその人にはそれだけの声を上げるちからがあります。

大事なのは、一人で抱え込まないこと。声に出すことです。そして諦めないことです。止まない雨はないし、明けない夜もありません。記録的な寒波でうず高く積もった雪も、暖かな春が来れば溶けていくものです。寒い冬にしっかり準備し、暖かくなったところでみんなのちからを結集して進めれば、解決・改善しないことなどないはずです。これらの経験が、きっと私たち一人ひとりの人生を豊かなものにする。私はそう考えています。

でも、これは重ねて強調しておきますが、選択権と決定権はみなさんにあります。

そのうえで、もし子どもを本気で育てたいと思うなら、育てることに責任が持てるなら、妊娠・出産以外にも里親制度や養子縁組制度等を活用することができます。また、同じ土俵でお話しすることはできないかもしれませんが、第3章の事例のように、ペットを我が子のように育てることもできます。

地域には多くの子どもたちがいます。地域を基盤として子どもたちとかかわり、子どもの成長発達を支えることは、いつだって可能です。重要なのは、その子（人によってはペットも）に興味・関心を持つことなのではないでしょうか。子どもの成長を地域で見守り、これからの地域・社会をつくり育てる大切な命、人財として支えようとする意識が、いま問われているのだと思います。

第5章

家族の複合課題に対処する政策と課題

ここまでは、複合課題の実態や、複合課題がもたらすものは何か、解決・改善に必要なものは何か等を検討してきました。

複合課題に陥った個人・家族を見ていると、どの家庭でも、子どもや高齢者、障害児・者、在宅医療・看護が必要な人、もしくは必要になる可能性がある人が複数いて、ケアが多重化しています。そして、これらの多重ケアが配分も組合せも適切に調整されないまま複雑に絡み合い、複合課題へと変化することで、個人や家族だけでは解決できない状態に陥っていました。

こうなる前に何とかできないのでしょうか。

第5章では、複合課題をうむ土壌になる社会構造を分析し、この問題を解決及び予防するために現在取り組まれている国の政策について検討します。そのうえで残る課題についても考えてみたいと思います。

日本の社会保障制度成立の歴史

社会保障制度は、私たち国民の安心や生活の安定を支えるためのセーフティネットです。

１９４０年代後半から１９５０年代前半にかけて、戦後の引揚者や失業者、親や住まいを失った子どもや障害者などの生活困窮者を対象とした生活保護法や児童福祉法、身体障害者福祉法の制定等が、国の緊急対策として進められました。劣悪な食糧事情と衛生環境に対しても、改善に向けた栄養改善法や、伝染病を予防したり医療を提供したりするための医療法や医師法が制定されていきました。

社会保障制度のうち社会保険には、病気やけがをしたときに誰もが安心して医療にかかることができる「医療保険」、要介護状態になったときに利用できる「介護保険」、高齢・障害者・遺族の生活を所得面から補償する「年金制度」があります。

また、社会福祉には、高齢者や障害者等が安心・安全に社会生活を営めるよう、在宅サービスや施設サービスを提供する「社会福祉」、児童の健全育成や子育てを支援する

「児童福祉」等があります。

公的扶助には、健康で文化的な最低限度の生活を保障する「生活保護制度」があり、保健医療・公衆衛生には、医師や看護師等の医療従事者や病院等が提供する「医療サービス」、疾病予防や健康づくりなどの「保健事業」、母性の健康と健全な児童の出生・育成を増進する「母子保健」、栄養改善や伝染病予防等、食品や医薬品の安全を確保する「公衆衛生」等があります。

少子化に伴う生産年齢人口の減少と医療・介護を要する高齢者の増加に伴い、これまでの社会保障制度の存続が危うくなっています。そのため、国は社会保障を維持するために、制度改革を進めています。

複合課題をうむ縦割り制度と調整者の不在

複合課題家族が抱える多重ケアには、それぞれ、子どもに関する施策や教育施策、高齢者施策、障害者施策、生活保護・生活困窮者施策、社会福祉・地域福祉に関する施策、医歯薬看等の医療施策、労働施策等、対応する国の制度があります。

　これらの諸施策は、これまで対象ごとに各領域で、それぞれの担当者によって取り組まれ、進化してきました。

　しかし、これら社会保障制度における領域別の制度がつくられた時代からは、産業構造も就業構造も家族形態も大きく変化しました。それに対応する各施策は、いかに進化してきたとはいえ、実態に対処できるものになっているとは到底言えません。

　たとえば、看護・介護が必要な高齢者と障害児が同居する家庭では、高齢者の在宅看護者の役割を担うためには、障害児の送り迎えや昼食の介助をどうするか、自身の勤務や雇用形態をどうするか等の問題を解決しなければなりません。高齢者領域での課題が、子ども領域や障害児福祉、教育制度、雇用労働施策領域にまで波及するわけです。

　在宅看護・介護の担い手はこの連動する状況を理解したうえで、各領域担当者と打ち合わせたり、包括的な調整をしなければなりませんが、国や自治体の施策は縦割り制度の中で進められてきた弊害で、制度間をつなぐ連携者や、住民に不利益が生じないよう各制度を調整する調整者が存在しません。

結果、制度間の隙間に落ち込んだ課題は取り残され、やがて複雑に絡み合いながら複合課題として大きくなっていくのです。

社会保障制度改革と地域包括ケアシステムの一本化

国はこのような現状を知っているのでしょうか。

大丈夫、知っています。縦割り制度の弊害や、制度間の連携・調整を進めなければならないこと、そのための人材育成の必要性を理解して、制度改革に取り組んでいます。

２００８年、国は持続可能な社会保障制度の構築に向け、税制改革に着手しました。そして２０１２年には、社会保障制度改革の基本的な考え方として、年金、医療、介護、少子化対策の４分野に取り組むことを「改革の基本方針」と定め、子ども・子育て支援関連法案と年金関連法案を成立させています。

そして２０１３年12月には、「社会保障制度改革国民会議報告書」をもとに「持続可能な社会保障制度の確立を図るための改革の推進に関する法律」（社会保障と税一体改革）が施行されました。この法律により、高齢者領域で様々な実施機関が進めてきた「地域包括ケアシステム」の推進主体が自治体に一本化されました。

地域包括ケアシステムとは

地域包括ケアシステムとは、介護が必要になっても住み慣れた地域で暮らせるよう、介護・医療・予防・生活支援・住まいが一体的に提供される地域のしくみのことです。それまでは高齢者領域でのケアはともすると介護一辺倒になるきらいがあったのが、病院と在宅での医療が組み込まれることになったわけです。

その後も、国の政策による医療と福祉間の連携・協働は進められています。

2014年6月に成立した「地域における医療及び介護の総合的な確保を推進するための関係法律の整備等に関する法律」（医療介護総合確保推進法）では、地域包括ケアシステムの構築が示されました。

同法は介護保険制度の改正にも触れており、高齢者が住み慣れた地域で生活を継続できるよう、地域包括ケアシステムにもとづいて「介護」「医療」「生活支援」「介護予防の充実」が進められるべきだとしています。また、基礎自治体が主体となり、郡市医師会等との連携のもとに在宅医療・介護連携推進事業が進められることも決まりました。

具体的には、2015年度から3年間で、次の8項目を「地域支援事業」として実施することが義務づけられました。すなわち（1）地域の医療・介護サービス資源の把握、（2）在宅医療・介護連携の課題の抽出と対応の協議、（3）在宅医療・介護連携に関する相談の受付等、（4）在宅医療・介護サービス等の情報の共有支援、（5）在宅医療・介護関係者の研修、（6）24時間365日在宅医療・介護サービス提供体制の構築、（7）地域住民への普及啓発、（8）二次医療圏内・関係市町村の連携です。

在宅医療と介護の連携が、介護保険制度上推進されるべきものとして規定されたことは大きな進歩だったと思います。

しかし、複合課題を抱える家族による在宅看護の負担軽減や、高齢者や高齢者を支える家族の疾患予防は推進項目には組み込まれませんでした。

地域包括ケアシステムは、年金、医療、介護、少子化対策における社会保障制度改革の中に位置づけられています。したがって、予算の上では高齢者領域・介護保険制度の中で完結すべき推進項目でも、システムの本来の目的からすれば、もっと多くの関連諸領域と連携・協働できる内容にする必要があるのではないでしょうか。

何のための医療・介護連携なのか、医療は高齢者だけのものなのか。地域支援事業の8項目は、地域の高齢者だけを対象に行えば済むのか。これでは、高齢者の在宅生活を支えながら、同時に疾患や障害を抱える子どもや配偶者の生活をも支えている勤労者の状況は、改善されないのではないかと懸念せざるを得ません。

誰のための医療・介護の連携・協働か

地域支援事業は誰のためにあるのかと、残念に思った地域の取り組み事例をご紹介し

■ 地域包括ケアシステムにおける 在宅医療・療養連携システム（東京都港区の例）

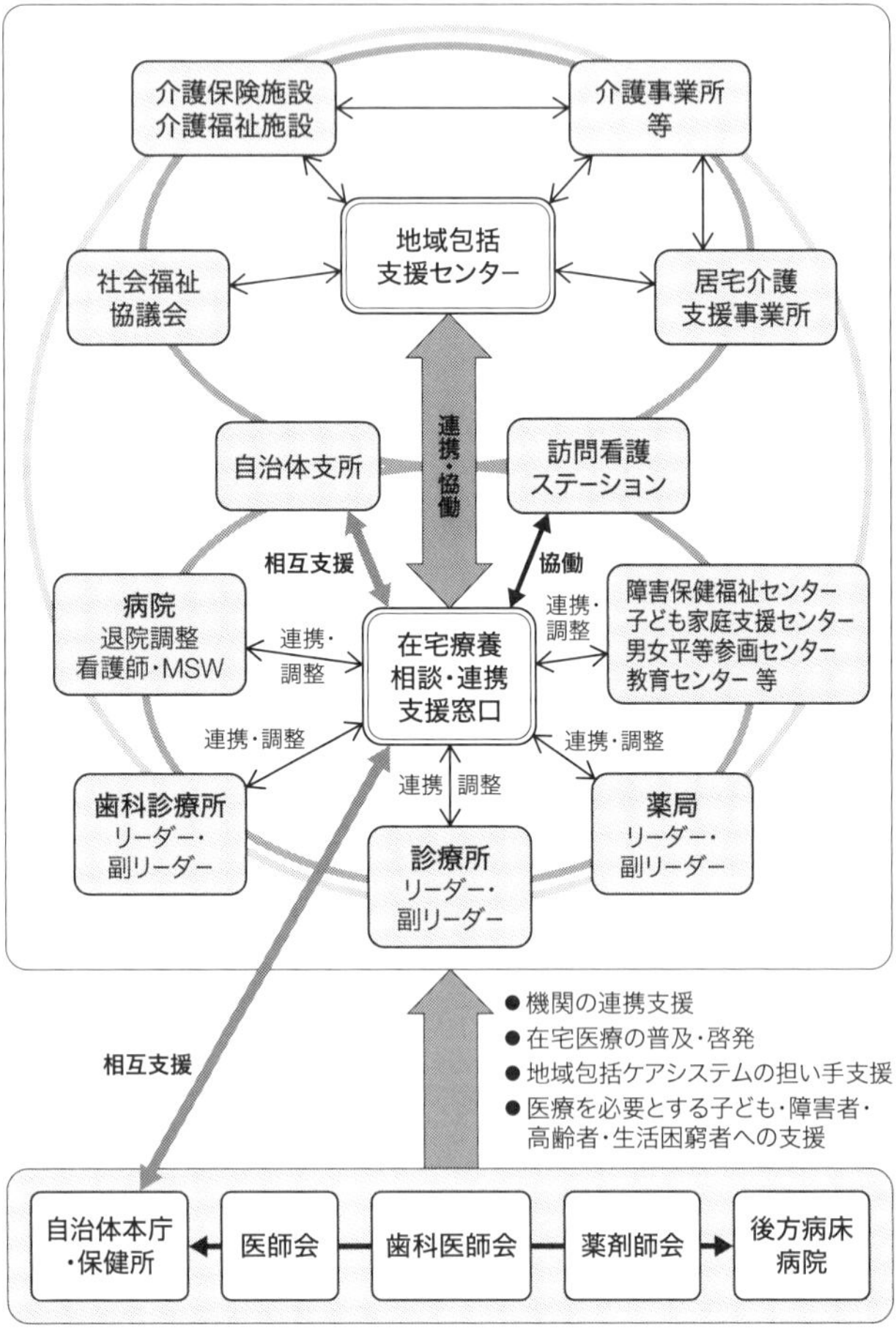

著者作成

ます。

私は２００９年より、東京都港区を中心に、都心の地域包括ケアシステムの構築に向けて、全年代・全領域対象型の在宅医療・療養連携システムづくりに取り組んできました。地域の急性期病院の退院支援・退院調整のしくみづくりを通して構築してきた医療・介護連携と多職種連携研修会をツール（手段）に、地区医師会や歯科医師会、薬剤師会、地域の急性期病院と連携した協議体（港区医師会地域包括ケア研究会）をつくったり、現場の方々と病院医療や在宅医療、地域福祉や地域保健に関するモデルケースをつくり、年間6回程度、地域ケア会議や多職種連携研修会を運営・開催してきました。研究会活動が軌道に乗った２０１４年から、国の動きを見越して自治体にも働きかけましたが、なかなか理解が得られません。翌２０１５年４月、介護保険制度の中に地域包括ケアシステムが明文化され、向こう3年間で自治体が地域支援事業を進めなければならないとなったとたん連携できるようになりました。

しかし、どんなに自治体担当者に説明しても、思考が高齢者に特化していて、社会保障制度改革に必要な年金にかかわる現役世代や高齢者の雇用、少子化対策として必要な子ども・子育て支援と連動した地域支援事業として進めることができません。また、在宅輸血や難病、がん治療等、医療度の高い個人や家族支援にかかわる多職種連携研修会においては、実践事例を用いて、病院医療と在宅医療・看護を必要とするご本人やその家族を支える専門職の連携の実際や、家族による在宅看護や複合課題の実状を伝えてきましたが、研修に来られた方の意識を家族や複合課題に向けることができません。

研修会のつくり方や示し方、時間配分等に関する課題は他に譲るとして、どんなに必要でも、制度・政策に位置づけられなければ、問題意識の共有にも具体的な支援にも結びつかないことを、私はこのとき身をもって感じました。医療と介護の連携も、そのための多職種連携研修会も、課題を抱える住民のためのものです。このことを明確に意識することなく、ただ連携が進んだとか多職種連携研修会を開催できたといって何か手柄をあげたつもりになってしまうと、誰のための連携・協働かわからなくなります。複合課題を抱えた全年代、障害や家庭経済・保健・医療・福祉等、全領域の住民の健康と生活を支えるための手段が目的化しているのではないか。私はそう感じています。

ニッポン一億総活躍プランと地域包括ケアの深化

では、個人・家族の命と生活を守るための全年代、全領域にわたる支援制度は実現しないまま終わるのでしょうか。

そんなことはありません。２０１５年９月、国は「新たな福祉サービスのシステム等のあり方検討プロジェクトチーム」を結成しました。これは、「誰もが支え合う地域を構築する」「そのために必要な福祉サービスを実現する」「高齢者施策としての地域包括ケアシステムを着実に構築する」「包括的支援の考え方を全世代・全対象に発展・拡大させる」といったことをテーマとするプロジェクトです。目指すのは各制度とも連携した「新しい地域包括支援体制の確立」。私はこれに期待を寄せたいと思います。

また、２０１６年６月に閣議決定された「日本一億総活躍プラン」では、国民が一人ひとりの希望や能力、障害や疾病の特性、年齢等に応じ、その人が持てるちからを発揮して自分らしく活躍できるよう、就労支援や職場定着支援、治療と職業生活の両立支援まで含めた「働き方改革」が推進され始めました。これをふまえ、福祉領域からも、育児や介護、障害、貧困等の課題が複合する個人や家族を丸ごと受け止め、支援するための総合的な相談支援体制「多機関の協働による包括的支援体制」モデル事業が開始されています。

東京都港区の地域包括ケアシステム

これらの政策が示されたことで、どんなに説明しても変わらなかった港区の自治体施策が良い方向に変化しました。

2015年4月、私は都心の地域包括ケアシステムの構築に向けて組織化した「港区医師会地域包括ケア研究会」の組織体制を、当時の東京都港区医師会長で現東京都医師会理事の橋本雄幸医師と協働して再編しました。医師会・歯科医師会・薬剤師会と急性期病院の長による連携組織につくり替えたのです。翌年には研究会事務局を設置し、自治体との連携強化に向けて自ら働きかけていきました。

これらを行った理由は、国が高齢者領域で進めてきた地域包括ケアシステムを「地域包括ケアの深化」へと発展させることへの自治体の理解と現場実践が進まなかったからです。

この組織再編とその後の働きかけで研究会の活動が国の政策にリンクしていることを理解した港区は、自治体として研究会に参加し始めました。そして、地域共生社会の実現に向けたロードマップを作成し、高齢者領域から拡大していくための計画も立案しています。

さらに、多重ケアの複合課題に対応する包括的な相談・連携の窓口も設置しました。高齢者領域から進めざるを得なかったこと、子どもの教育や雇用関連領域との連携がまだ不十分であること等、自治体内や現場にはまだまだ課題はありますが、国の政策が示されたことと、関連の各団体・機関のみなさんと一緒に積み上げてきた研究会の活動があったおかげで、自治体施策が急展開した事例でした。

医療・看護と福祉領域を横断的に支援できる人材の育成が急務

この事例を通して痛感したことがあります。多重ケアの複合課題に対応するためには、対象者の年齢や領域を限定することなく、急性期の医療と在宅医療・看護・介護、さらに社会福祉と地域福祉の双方をわかったうえで、領域ごとの施策を連携・調整する人材が欠かせないということです。そしてこの人材は、地域で自由に活動できる人でなければならない。私はこの人材を「メディカル・コミュニティ・ソーシャル・ワーカー」と命名しています。

実際に各領域に施策を落とし込むのはそれぞれの領域で働いている専門職です。ということは、つまり、それらの人たちが所属する関係機関や団体、事業所等と協働して各領域の専門職を包括的にマネジメントすることができなければ、具体的な動きにつながらない。システムを作ってもそれをコントロールして動かす人がいなければ意味がないのです。

国は、「我が事・丸ごと」地域包括支援体制を推進する専門人材として、福祉分野を横断する人材の育成に着手しています。

しかし、複合課題に陥った家族や多重ケアの担い手たちが望むのは生活支援だけではないのですから、むしろ医療・看護と地域福祉分野を横断して支援する専門人材が必要です。

複合課題家族を丸ごと支援する実践に精通しており、住民と専門職がともにちからを発揮する「場」の設定及び運営ができ、これらの活動を継続するための施策を自治体と一緒に考えることもできる。これらの能力を包括的に備えた地域の医療福祉専門職を育てることが急務ではないか。私はそのように考えています。

第6章

動き出した家族の複合課題への挑戦

第5章は、複合課題に対応する国の政策や実施プランを取り上げ、それらに対する課題を、地域実践や実態をふまえて検討しました。

第6章では、国が進めている「我が事・丸ごと」地域共生社会の実現に向けた、多機関の協働による包括的相談支援体制について、自治体の取り組み事例を紹介します。いずれも、やりながら、考えながら、評価・改善しながらつくりあげている取り組み事例ばかりです。もはや前例がないからといって手をこまねいていられる状況ではありません。手探りでも始めた自治体の例があることに自信を得て、どうぞみなさんも、それぞれの地域で、自治体の首長なり担当者なりに向けて声をあげていただけたらと思います。

1 静岡県富士宮市

トップの考え方とリーダーシップから取り組みが始まった

静岡県富士宮市の事例は、２０１６年より実施された「我が事・丸ごと」地域包括支援体制のモデルになっています。私は都内のＮＰＯ法人と一緒に、「子育て・介護複合課題」実態調査・研究を実施していた２０１１年２月14日、視察に伺わせていただきました。

富士宮市では、２００３年の事業構想当時、高齢者と障害者、児童、ＤＶ等は相談窓口がばらばらで、各担当課同士の連携も十分ではありませんでした。

たとえば、認知症の母親の介護をしている娘が、介護疲れからうつ病になり、それが原因で夫と離婚し、子どもは障害を持っていて、医療費や生活費等に困っているという相談があった場合、認知症は高齢福祉課、うつ病は保健センター、子どもの障害は児童福祉課、生活困窮は生活保護課というように相談先が多岐にわたっており、家族全体のアセスメントを主管する機関がありませんでした。その結果適切な支援体制が構築されず、支援が必要な人や家族に適切な支援を提供できませんでした。

しかし、まさにこの事例をきっかけに、福祉に関する初期相談とアセスメント及び相談機関の連絡調整を実施する福祉総合相談窓口の設置に取り組みはじめたといいます。

視察の際、担当者に「なぜこの事業ができたのか」とお聞きしたところ、「市長の『だれもが住み慣れた地域の中で安全に安心して暮らせるまちをつくりたい』という強い意志のもと、事業を始めることができた」とおっしゃられたことが、強く印象に残りました。地域でもトップの考え方とリーダーシップが大事だと、強く感じた視察でした。

必要に応じた積極的な組織再編

市長の強いリーダーシップで始まった富士宮市の、分野を問わないワンストップの総合相談体制の構想は、2006年、市直営の地域包括支援センター（1ヶ所）を基盤とする「福祉総合相談窓口」の開設につながりました。その翌々年には組織を再編し、地域包括支援センター、生活保護係、家庭児童相談室、DV女性相談員をひとつにまとめた「福祉総合相談課」を設置。同課において生活困窮相談が始まっています。

そして2013年、地域包括支援センターのブランチとして機能していた在宅介護支援センターを再編し、新たに9ヶ所の地域型支援センターを設置。障害者や子ども相談のインテーク（初回相談）の受け付けを開始しました。現在、高齢者以外の年代や領域に関する相談は、地域包括支援センターにつなぐシステムが構築されています。複合課題のような対応困難な事例の相談に関しても同様です。

情報を共有して各機関が連携

また、生活支援領域では、11ヶ所の自治会支部や地区社会福祉協議会による見守り活動が行われ、地域包括支援センターへもつなげられています。同時に、それらの支部や会に所属するメンバーには、地域型支援センターが実施する研修会やネットワーク活動に参加してもらうことで、地域の課題発見・抽出機能としての役割を発揮しています。

医師会との連携についても「富士宮市認知症者支援医療機関ネットワーク研究会」が定期開催されており、認知症専門医と一般かかりつけ医、地域包括支援センター、介護保険事業者との連携体制の構築が進められています。また、歯科医師会とは、地域包括ケアシステムや地域ケア会議に関する勉強会の場で連携の必要性を共有することで、歯科領域以外のことであっても、治療に来た高齢者の変化に気がつけば包括支援センターへつながるようにしています。

さらに、弁護士、司法書士とも、「権利擁護ネットワーク研究会」において事例検討や情報共有を行うことで、高齢者虐待や消費者被害に対応するための支援や、成年後見制度に関わる連携の強化を図っています。

2 三重県名張市

名張市地域福祉教育総合支援システム

三重県の名張市では、２０１６年より「名張市地域福祉教育総合支援システム」の構築に向けて縦割り体制を解消し、福祉子ども部内において包括的な相談・支援を行えるようにしました。具体的には、現場からの情報を集約し、対処に向けて必要になる調整を庁内で行い、最終的に政策として反映できる体制を整えました。

名張市地域福祉教育総合支援システムの開始にあたり開催したキックオフ大会で、亀井利克市長は、行政や関係機関との連携で進めてきた「名張版ネウボラ」や健康づくり事業を挙げ、「名張市地域福祉教育総合支援システムは新しい制度ではなく、市民と行政が一緒に行ってきた取り組みを、更に効率的に進めるシステム」であることを報告しています。

「名張版ネウボラ」とは、フィンランドの子育て支援「ネウボラ」を参考に構築した、妊娠・出産・育児の切れ目のない相談・支援の場やそのしくみのことです。市内に15ヶ所ある「まちの保健室」に看護師や介護福祉士等を配置し、子どもから高齢者までの相談支援に加え、妊娠から出産、育児までの継続的な支援を行っています。また、保健センターの保健師や助産師が電話相談や戸別訪問に対応しており、子ども支援センターで「安心育児・おっぱい教室」を開催するなどの活動を行っています。

サービスを提供する側の都合ではなく、課題を抱える当事者の視点から政策を変えていく名張市の取り組みは、自治体というものの価値観を転換させる事業だと思います。私は、地域のあらゆる団体・機関をまきこんだこの事業は、富士宮市の事例同様、市長の強いリーダーシップがなければ実施できなかったと感じます。

重要なエリアディレクターの働き

２０１６年11月よりスタートした名張市地域福祉教育総合支援システムは、様々な生活課題が複合した個人や家族の相談に市直営の地域包括支援センターがワンストップ窓口として機能できるよう、エリアディレクター３名を配置しています。そして市内15ヶ所の「まちの保健室」と連携し（エリアネットワーク）、個別の課題から複合課題に至るまで、あらゆる相談を総合的に受け付けています。

エリアディレクターの役割は、地域の課題を検討する各種会議に積極的に関与し、エリアネットワークの強化を促進すること。そして関係機関の協働・連携・調整・相談・ニーズの把握・情報提供等を支援し、課題の解決策を検討することです。「まちの保健室」は総合相談を受け付ける以外にも、個別訪問や、高齢者サロン等で健康づくりの談話指導を行うなどの活動をしています。

「地域づくり組織」が現場で機能

名張市の同システムにおけるエリアネットワークでは、地域ごとに「地域づくり組織」を置き、地域の課題を検討する各種会議がそれらの組織で行われています。

地域づくり組織を構成するのは、福祉領域では児童民生委員、児童相談所、社会福祉協議会、福祉施設、特定相談支援事業所、保護司等。医療領域では、医療相談支援センター、医師会、歯科医師会、薬剤師会、医療機関等です。また、教育領域については学校と教育センターで組織が構成されています。

その他にも、市民センター、警察、郵便局、NPO、青少年育成市民会議、ハローワーク、企業等で構成される組織があります。老人クラブやPTA、子ども会議等も何らかの組織に含まれています。

このように、地域ごと、領域ごとに丁寧に進められてきたネットワーク組織の連携・協働が自治体によっても促進されれば、医療・福祉・保健のみならず、教育や雇用の領域も含み込み、民間企業や子ども会も一緒になって、現場レベルで課題解決を図ることができるでしょう。課題の解決や予防を行政が住民ファーストで行っている素晴らしい

■ 名張市の「地域福祉教育総合支援システム」

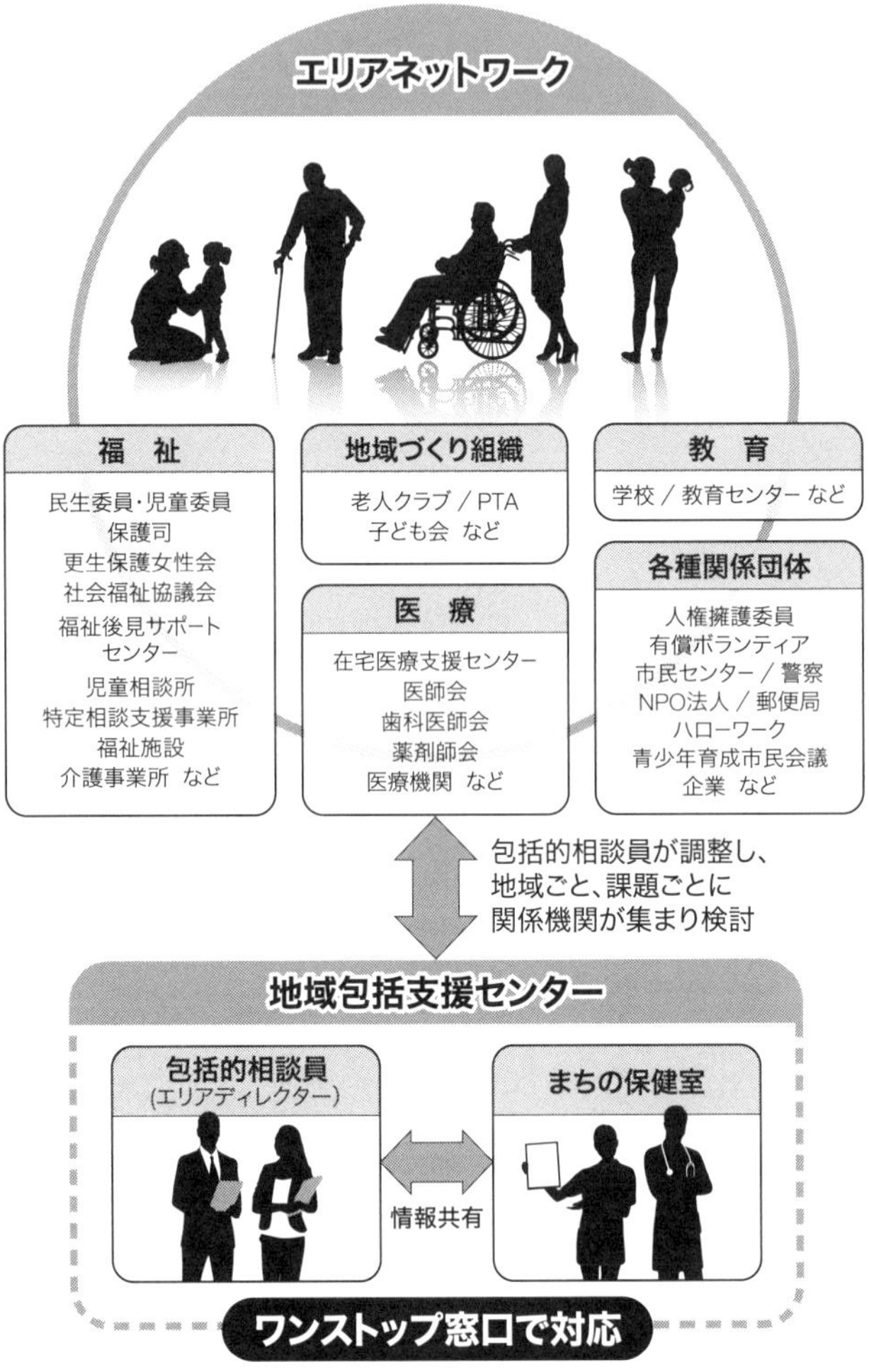

出典：名張市秘書広報室発行『広報 なばり』No.1134より作成

取り組み例だと思います。

3 東京都江戸川区

社会福祉協議会が設置した「なごみの家」

地域包括ケアシステムは、高齢者に限らず、障害者や子どもを含む地域のすべての住民が住み慣れた地域で自分らしい暮らしを続けられるよう支援するためのものです。そのしくみの一環として、東京都の江戸川区では、社会福祉協議会が「なごみの家」を設置しました。

２０１８年4月の時点で区内に8ヶ所ある「なごみの家」では、次の5つの事業を実施しています。

①24時間３６５日の医療及び医療関連相談の受け付け。
②24時間３６５日の介護及び介護関連相談の受け付け。

③それらを補うための見守り活動や、話し相手になる、買い物や掃除を支援するなどの生活支援。

④住まいのバリアフリー化とそれを補う施設。

⑤介護予防のため外出して人とかかわれるよう支援する。

このうち④は、もう少し詳しくいうと「バリアのない住まいを作るための改造助成制度を進め、同時に高齢者施設の充実を図る」ということです。住まいと施設の両場面で支援することが必要であるという、一段深い認識がうかがえます。

「なごみの家」の3つの機能

次に、「なごみの家」の3つの機能を紹介しましょう。

ひとつ目は「なんでも相談」です。相談員や医療関係者等の専門職があらゆる相談に対応することで、年代や領域ごとの縦割りをなくし、複合課題にも対応できるようにしました。また、月曜は閉館しますが、平日以外の土日も相談できるようにしたり、訪問相談も可能にすることで、どんな方にも対応できるようにしています。

相談内容は多岐にわたります。たとえば生活関連では、金銭管理や生活困窮、就労に関する相談が行われています。また、介護関連では、介護ストレス等の介護する側の相談だけでなく、介護される側の相談も受けています。健康関連では、生活習慣病から副次的に生じる病気等に関する質問や、うつ等のメンタルに関する相談、身体の不調や気になる症状についての相談等がありました。子育て関連では、母子家庭の子育てに関することや、子どもの障害、不登校の悩み等、教育に関する相談も受けています。他にも、DVや親亡き後の障害児に関する相談、複合課題に関する相談等が寄せられています。

年齢や領域ごとの縦割り構造を取り払うことで、個別の相談から複合課題に対する相談までが1ヶ所で対応できるようになったからこそ、この「なんでも相談」が実現できているのだと思います。

ふたつ目の機能は、地域におけるネットワークづくりを進めることです。町会や自治会や商店街、区内で活動するNPOやケアマネージャーたち、医療を担う三師会（医師会・歯科医師会・薬剤師会）及び関係団体、また、介護関係団体や地域包括支援センターの他、地域の老人会や民生・児童委員、警察、消防、ボランティア等が協力し、地域支援のための会議を「なごみの家」で開催しています。会議の場をネットワークづくりの場にもしてもらっているわけです。また、地域の支え合い・助け合い活動にも参加しています。

３つ目は居場所・通いの場としての機能です。「なごみの家」は子どもから高齢者まで誰もが気軽に立ち寄っておしゃべりできる地域の交流の場を準備しています。それ以外にも、毎月１回の割合で子ども食堂を開き、子ども１００円、大人３００円で食事を提供しています。

子どもたちの尊厳を支え守る学習支援

通いの場としての機能に学習支援が組み込まれているのも「なごみの家」のいいところです。

学齢期の児童生徒にとって、学校の勉強についていけない状態を放置することは、それだけで子どもの尊厳を損ないます。私が対応した事例や調査でも、不登校の原因が学習困難にあるのではないかと思われるケースが多々ありました。ある事例のお子さんは、「朝学校に行ってから夕方下校するまで、よくわからない授業をずっと受け続けなければならないことが苦痛だった」「楽しかったのは休み時間や給食の時間だけで、みんなが受験で勉強するようになってからは学校に行きたくなくなった」と話してくれました。そんな状態が長く続けば何もいいことはありません。

その点、「なごみの家」では毎週土曜日の午前9時30分から12時30分まで、学力に不安がある小学生から高校生までの子どもたちを対象に、無料学習会も開催しています。宿題のサポートや定期テスト対策、さらには苦手教科を克服するための指導まで、子どもたちにとって、また親御さんにとってもありがたい支援が受けられるようです。

家庭内にＤＶがあったり、ＤＶと親の介護が同時に発生したりすれば、子どもたちは落ち着いて学習することができません。本人の学習能力以外の要素で勉強が嫌いになってその子の未来が犠牲になるような状況は、改善されるべきです。障害にならない障害や、生活困窮にある子どもたちにも分け隔てなく学修を無償で支援する「なごみの家」の取り組みは、もっと多くの自治体に知られていいはずだと思いました。

4 千葉県鴨川市

高齢者の深刻な状況

千葉県の鴨川市では、全国で起きているのと同様に少子高齢化が進み、独居高齢者が増え、孤独死も見られるようになりました。また、家族と同居している高齢者でも、実は家庭内で虐待にあっているというケースが出てきました。

これらは福祉領域だけで解決できる範疇を超えています。そのため鴨川市は、孤独死や虐待を発生させない地域づくりとして、見守り活動を展開したり、対象者を限定しない相談窓口を設置するなどしてきました。これらの相談支援と地域づくりは２０１２年から取り組みが始まり、現在では、市直営の地域包括支援センターの機能を充実させた福祉総合相談センターにおいて、多機関の協働による活動が続けられています。

地域包括支援の拠点を市の国保病院内に設置

鴨川市の地域包括支援体制の特徴は、福祉総合相談センターの設置場所のひとつを地域医療の中心である鴨川市立国保病院内に設定したことにあります。これにより、従来までの取り組みで足りなかった医療分野との連携が進み、がん患者や難病患者等への支援を強化することができました。

また、農林業体験交流協会と連携して生活困窮者の就労を支援したり、NPO法人との連携で精神障害者の居場所づくりや生活支援事業なども行っていることが特徴といえます。

相談支援における3つの視点

市民への相談支援を行う際、鴨川市では特に3つの視点を意識しているようです。

まず、本人の課題としてだけではなく、世帯全体の課題として見る視点。次に、生活環境や居住区域の地域柄を見る視点。最後が、本人や家族や地域資源から積極的に強みを見つけようとする視点です。これらをもとに、要支援者を専門機関につなぐだけでなく、その地域につなぐことを進めてきています。

鴨川市では、ひとつ目の視点を実現するために、相談支援包括化推進会議や地域ケア会議を活用し、相談支援の包括的なコーディネートを行っています。コーディネートの中心になるのは福祉総合相談センターです。

具体的には、たとえば、要介護者と障害者を抱えながら子どもを育てている家庭や、難病やがんを患っている方、若年性認知症や病気で就労できない生活困窮者の世帯など、複合課題に陥った個人や家族の支援に向け、鴨川市医療連携会議以下、市内の医療施設、社会福祉協議会、地域包括支援センターをはじめ多くの団体や機関や事業所等と連携し、福祉総合相談センターを中心に各機関間の調整を行うことで、包括的な支援が提供できるよう進めています。

また、同じく福祉総合相談センターでは、地域住民と専門職のネットワークをつくるため、地区ボランティアの組織化や生活応援サポートのしくみづくりを実施しています。同時に、高齢者のサロン活動や移動介助ボランティアの講習等を行いながら、支援を必要としている方と地域のボランティア組織や生活応援サポーターをつないでいます。

生きがいを感じられる「場」を設定することの重要性

もうひとつ鴨川市の取り組みで注目したいのは、自主財源の確保に動いていることです。

これは3つの視点の最後にあった「地域資源から積極的に強みを見つける」の一環だと思います。具体的には、農産物の開発工房を設置してここで商品化のための加工までを行い、売り上げの一部を生活困窮者の生活費や精神障害者を支援するNPOの活動資金にできるしくみが検討されています。加工作業の工程を入れることで、企業や地域住民、ボランティア、精神障害者、生活困窮者等が作業場で交流するだけでなく協働する「場」が生まれているのです。これは新たな社会資源を開発するしくみと言えるのではないでしょうか。

鴨川市の取り組みを拝見して感じたのは、障害者や生活困窮者が住み慣れた地域で働けるようにすることと、他者と交わることができる「場」を設定することの重要性です。交流することで、受け入れサイドでは障害者等への偏見が取り除かれ、障害者や生活困窮者の側では、働いて賃金を得ることで生きがいを得ることができます。これはその地域にとって、どんなに強調してもたりないほど貴重な社会資源だと思います。

「地域の特産物がある地方だからできた取り組みで、大都市への応用は難しい」と言う人がいるかもしれません。しかし、農産物はあくまでツール（手段）です。自治体や企業が、地域にある作業所や事業所等で彼らにインターン等で働いてもらえるしくみをつくり、それを組織化すれば、鴨川市と同じことができるのではないでしょうか。

インターンシップの場と支援の提供で引きこもりから脱出したケース

私がかかわった事例でも、引きこもりになっていた子どもにインターンシップの場と継続的な支援を提供することで、仕事をすることや他人とかかわることの楽しさを取戻し、引きこもりから脱出できたケースがありました。

そのお子さんはもともと他人とかかわることが嫌いではありませんでしたが、学校でいじめにあい、他人を信頼できなくなっていました。

私は、ご家族から本人の興味・関心をお聞きしたあと、お子さんの希望に沿うであろう地域のペットショップに相談し、インターンシップを設けていただきました。これをご本人に伝えてお勧めしたところ、最初はこわごわ行っていましたが、店員さんとの交流や、お店のお客さんから頼りにされたり感謝されたりして楽しくなり、最終的にはペット関係の就労につながっています。鴨川市の取り組みとは支援対象も活用するツールも違いますが、地域の中で仕事をとおした居場所づくりを進めることの重要性を感じたケースでした。

引きこもりは長引けば長引くほど対処が難しくなるため、早期発見・早期解決が求められます。

同様に、複合課題も長引けば長引くだけ複雑化します。

鴨川市は2012年から地域住民や専門職と連携してワンストップサービスを提供してきました。他の自治体も、負担が重くなってから仕組みづくりに動くより、今から始めたほうがいいのではないでしょうか。地域住民の活力がその地域の活力である以上、複合課題を長引かせることは、得策ではないはずです。

医療・介護・福祉・司法・教育分野連携のグループワーク

鴨川市の例で注目すべき点は、広域な包括支援のネットワークづくりに向け、安房地域の3市1町による多職種連携体制の構築を図っていることです。医療・介護・福祉・司法・教育等の専門職が地域・領域を越えた多職種連携をテーマにしたグループワークを開催しています。研修会を開催することが最終目的になってしまうケースが多い中で、居住地以外の地域にある病院や施設等を利用する住民のために、周辺地域の自治体や多職種が連携する姿は、課題ごとのアプローチも視野に入れた複合課題の解決に向けて、今後も深化・発展していくのではないかと感じました。

多機関協働による包括的支援体制の他の実施例

２０１６年度に「多機関の協働による包括的支援体制」モデル事業を実施した自治体は26自治体です。紹介した自治体の取り組み事例以外にも、簡単にご紹介しましょう。

大阪府豊中市

小学校区ごとに設置した「校区福祉委員会」（地域住民の活動が中心）を中心に、把握した課題の解決を図る「福祉なんでも相談窓口」を設置。社会福祉協議会のコミュニティ・ソーシャルワーカーが、ワンストップで専門的な観点からのサポートを行う等、公民協働で個別の相談援助から多重ケアの援助までを行っています。

神奈川県藤沢市

市民センターと公民館を中心に、全年代・全対象型の「藤沢型地域包括ケア」を目指して活動しています。行政の直営による地域生活支援窓口「バックアップふじさわ」と、社会福祉協議会への委託による「バックアップふじさわ社協」が連携し、複合課題に対応するために、関係機関等と総合的・包括的に対応する体制を整備しています。

東京都世田谷区

2014年度から、まちづくりセンター、安心すこやかセンター（地域包括支援センター）、社会福祉協議会の一体化を進め、三者が連携して「福祉の相談窓口」を開設しています。これは高齢、障害、子育て、生活困窮者などの世帯に対する包括的支援を実施するための窓口です。また、地域の人材及び社会資源の開発等にも取り組んでいます。そしてこれらのサポートを、区内5ヶ所の総合支所の生活支援課と、生活困窮者の自立支援を担う「ぷらっとホーム世田谷」が行っています。

福祉が中心になって進めているので、医療や教育に弱い感じは否めません。しかし、大事なことは、これらの事例のように、年代や領域を超えた多機関・多職種の連携による地域支援が各地で始まっているということです。きっと、みなさんも、みなさんの住む街で、みなさんが主体となり、地域の住民や各専門職、自治体職員とともに複合課題の解決・改善に向かうための実践のヒントが、これらの例から見いだせるはずです。

自身による挑戦　苦境のただなかにある主介護者へのエール

最後に、今現在複合課題のただなかで奮闘されているみなさん自身の挑戦を、あげさせてほしいと思います。他の誰よりも、どんな自治体よりも、必死で挑戦を続けているのは、複合課題の当事者であるみなさんだからです。昨日を乗り越えて今日を過ごし、明日を迎える。その一日いちにちが、そのまま貴重で勇敢な挑戦だと思うからです。

でも、だからこそ一人で頑張らないでほしい。外に助けを求めてください。病院や地域には、みなさんのような主介護者の健康を支える医療・保健職として看護師、保健師がいます。また生活を支える福祉職には社会福祉士や精神保健福祉士がいます。医療、保健、看護、介護、障害、子ども、教育、生活保護等の公的サービスもありますし、民間でも、それらに準じるサービスを提供する企業やボランティア団体が現れています。

彼らの、またはそれらの助けを借りることができれば、家族の看護・介護を担うみなさんも休息をとりながら仕事を継続することができると思います。


本章で紹介した事例のように、最近は複合課題家族の窮状を理解して相談にのってくれる窓口を開設する自治体も出てきました。

ですから、困っていることがあれば、まずは声に出して関連の窓口に相談してください。もしたらいまわしにあったとしてもあきらめず、根気よく窓口を回って話をしてください。きっと、包括的な相談支援を行う窓口、支援者にたどり着くはずです。もしたどり着かなくても、このプロセスを踏むことで、ご自身が抱える困りごとが整理されてくるはずです。課題が整理できれば、少なくとも解決に向けて優先順位がつけられます。それをひとつずつ取り組んでいけば、どこかで何らかの改善は見られると思います。乗り越えられないと思った困難も、きっと乗り越えることができるはずです。

大事なのは、あきらめないこと、ポジティブに考えることです。必要な資源がない場合は、ないことを怒るのではなく、自治体に必要性を訴えましょう。専門職の知識と技術を活用し、自分たちに必要な資源をつくりましょう。自分や家族のライフとワークのバランスをとりましょう。挑戦を続けるために、みなさん自身も休息をとりましょう。

そのためには、何度でも言いますが、困りごとを声に出す勇気を持ってください。必要なことは必要だと訴えていく仲間を見つけ、増やしてください。きっとあなたのそばにいるはずです。

本書をきっかけに、みなさんと一緒に複合課題に挑戦できることを願っています。

おわりに

日本の経済成長の変化とともに変わってきた家族形態や労働形態の変化、高度先進医療の進展、行政の縦割り構造、各制度間・施策間の連携不足と調整者の不在からうまれる複合課題は、いつだれが抱えてもおかしくありません。

にもかかわらず、自分や自分の家族の課題は、その人、その家族が自分たちで対処できなかったことで生じる家族の問題、あるいはたまたま起きた不幸として、周囲の者には関係ないもの、他人事として理解されてきました。

しかし、少子高齢化、非婚化、晩婚・晩産化、核家族化が進むにつれて支え手の数は減少し、一方で高齢独居、母子・父子世帯は増加しています。また、病院や施設から在宅に帰る方も増えていきます。今後ますます必要なケアは増え、複合課題家族は増加していくのです。

自分や家族のちからだけではどうにもならない多重ケアの複合課題は、子どもたちの成長発達にも影響を及ぼします。

しかし、そんな子どもたちに、家族や企業、地域のみんなに支えられながら仕事と家庭を楽しく両立する姿を見せていくことで、たとえ疾患や障害を抱えても、家族の看護・介護を抱えても、生活が困窮しても、彼らが自分の将来に夢と希望を持ち、「家族っていいな」「結婚っていいな」「働くっていいな」と思えるような家庭・地域・社会をつくることが、親の、大人の、務めなのではないでしょうか。

そのために私たちにできること。それは、複合課題に陥った人、陥りそうになっている人、それらを見た人・聞いた人一人ひとりが声をあげることです。声を受け止める場をつくること、みんなで助け合うこと、そのための地域のしくみをつくることです。

他人や他人の家族の問題を、自分や自分の家族の課題、自分たちが住む地域の課題として捉え、みんなで解決に向けて動き出せば、きっと状況は改善されていくはずです。

本書で紹介した複合課題の例は一部に過ぎません。また、課題解決に向けた挑戦事例も、支援の実践の一場面を取り上げたに過ぎません。この本をきっかけに、もっと広範で複雑な複合課題の実態に目を向けていただきたいと思います。そして、それらの課題の解決・改善に向けた挑戦事例や、成功事例がうまれてほしいと考えています。

最後に、今回のお話をくださった創英社／三省堂書店編集一部部長の齋藤勝美さま、制作にかかわっていただいたスタッフのみなさまに深く感謝いたします。また、貴重な情報をいただいた当事者のみなさま、諸先輩のみなさま、港区医師会地域包括ケア研究会のみなさま、何より、私に貴重な経験をさせてくれるとともに、どんな時も「私らしさ」を尊重してくれた両親と子どもたちに、この場を借りて心より感謝申し上げます。

そして、本書を手にされているみなさまへ。本書が、ご自身やご自身の家族の健康と、ライフとワークのバランス管理と、家庭で、職場で、地域で自分らしくあるための一助になりますように。

成田光江

主な参考文献及び出典

書籍

・『ネットワーク組織論』今井賢一、金子郁容著（岩波書店 1988年）
・『知識創造企業』野中郁次郎、竹内弘高著／梅本勝博訳（東洋経済新報社 1996年）
・『生活環境論 第5版』木村哲彦監修（医歯薬出版 2007年）
・『ケア学 越境するケアへ』広井良典著（医学書院 2000年）
・『貧困の克服』アマルティア・セン著／大石りら訳（集英社 2002年）
・『知的創造の方法論』野中郁次郎、紺野登著（東洋経済新報社 2003年）
・『復刊 この子らを世の光に 近江学園二十年の願い』糸賀一雄著（NHK出版 2003年）
・『地域福祉援助技術論』髙森敬久、髙田眞治、加納恵子、平野隆之著（相川書房 2003年）
・『福祉を変える経営 障害者の月給一万円からの脱出』小倉昌男著（日経BP社 2003年）
・『DVにさらされる子どもたち 加害者としての親が家族機能に及ぼす影響』ランディ・バンクロフト、ジェイ・G・シルバーマン著／幾島幸子訳（金剛出版 2004年）

・『ネグレクト 育児放棄 真奈ちゃんはなぜ死んだか』杉山春著（小学館 2004年）
・『「医療費抑制の時代」を超えて イギリスの医療・福祉改革』近藤克則著（医学書院 2004年）
・『子どもの虐待 子どもと家族への治療的アプローチ』西澤哲著（誠心書房 1994年）
・『エンパワメントのケア科学 当事者主体チームワーク・ケアの技法』安梅勅江著（医歯薬出版 2004年）
・『健康格差社会 何が心と健康を蝕むのか』近藤克則著（医学書院 2005年）
・『場の論理とマネジメント』伊丹敬之著（東洋経済新報社 2005年）
・『認知症のパーソンセンタードケア 新しいケアの文化へ』トム・キットウッド著／高橋誠一訳（筒井書房 2005年）
・『医療・福祉マネジメント 福祉社会開発に向けて』近藤克則著（ミネルヴァ書房 2007年）
・『図説 ケアチーム』野中猛著（中央法規出版 2007年）
・『シャドーワーク』一條和生、徳岡晃一郎著（東洋経済新報社 2007年）
・『家族社会学のパラダイム』目黒依子著（勁草書房 2007年）
・『子ども虐待という第四の発達障害』杉山登志郎著（学習研究社 2007年）

・『主体形成と生活経営』小谷良子著（ナカニシヤ出版 ２００７年）
・『健康長寿エンパワメント 介護予防とヘルスプロモーション技法への活用』安梅勅江編著（医歯薬出版 ２００７年）
・『福祉社会開発学 理論・政策・実際』二木立代表編者／穂坂光彦、平野隆之、野口定久、木戸利秋、近藤克則編著（ミネルヴァ書房 ２００８年）
・『ニーズ中心の福祉社会へ 当事者主権の次世代福祉戦略』上野千鶴子、中西正司編（医学書院 ２００８年）
・『仕事と生活 体系的両立支援の構築に向けて』労働政策研究・研修機構（JILPT）編（労働政策研究研修機構 ２００７年）
・『ＩＰＷを学ぶ 利用者中心の保健医療福祉連携』埼玉県立大学編（中央法規出版 ２００９年）
・『病棟から始める退院支援・退院調整の実践事例』宇都宮宏子編（日本看護協会出版会 ２００９年）
・『ケアの社会学 当事者主権の福祉社会へ』上野千鶴子著（太田出版 ２０１１年）
・『地域包括ケアシステム』高橋紘士編（オーム社 ２０１２年）
・『ケア労働の配分と協働 高齢者介護と育児の福祉社会学』後藤澄江著（東京大学出版会 ２０１２年）
・『地域連携論 医療・看護・介護・福祉の協働と包括的支援』髙橋紘士、武藤正樹編（オーム社 ２０１３年）

・『地域包括ケアの展望 超高齢化社会を生き抜くために』宮島俊彦著（社会保険研究所 2013年）
・『多職種連携の技術 地域生活支援のための理論と実践』野中猛、野中ケアマネジメント研究会著（中央法規出版 2014年）
・『地域包括ケアのすすめ 在宅医療推進のための多職種連携の試み』東京大学高齢社会総合研究機構編（東京大学出版会 2014年）
・『地域包括ケアと地域医療連携』仁木立著（勁草書房 2015年）
・『下流老人 一億総老後崩壊の衝撃』藤田孝典著（朝日新聞出版 2015年）
・『貧困児童 子どもの貧困からの脱出』加藤彰彦著（創英社／三省堂書店 2016年）
・『健康格差 あなたの寿命は社会が決める』NHKスペシャル取材班著（講談社 2017年）
・『よくわかる依存症 アルコール、薬物、ギャンブル、ネット、性依存 患者と家族を救うために』榎本稔著（主婦の友社 2016年）
・『月刊福祉』（全国社会福祉協議会 2016年7月）
・『月刊ガバナンス』（ぎょうせい 2017年2月）

報告書及び調査資料

・地域包括ケア研究会報告書　地域包括ケア研究会著（三菱ＵＦＪリサーチ＆コンサルティング　２０１０〜２０１７年）
・「子育て・介護複合課題」調査報告書（市民福祉サポートセンター　２０１１年）
・社会保障制度国民会議報告書（社会保障制度国民会議　２０１３年）
・地域包括ケアシステムの構築における今後の検討のための論点　地域包括ケア研究会報告書（三菱ＵＦＪリサーチ＆コンサルティング　２０１３年）
・事例を通じて、我がまちの地域包括ケアを考えよう「地域包括ケアシステム」事例集成〜できること探しの素材編〜　地域包括ケアシステムの構築に係る自治体の取り組み状況の整理・分析に関する研究事業報告書（日本総合研究所　２０１４年）
・働きやすい・働き甲斐のある職場づくりに関する調査報告書（厚生労働省職業安定局雇用開発部雇用開発企画課　２０１４年）
・第３回杉浦地域医療振興賞・杉浦地域医療振興財団助成報告集（杉浦地域医療振興財団　２０１４年）
・多機関の協働による包括的相談支援体制全国推進セミナー資料（全国社会福祉協議会　２０１７年）

ウェブサイト

・［新たな福祉サービスのシステム等のあり方検討プロジェクトチーム・幹事会］（厚生労働省）
・［第1回「我が事・丸ごと」地域共生社会実現本部資料］（厚生労働省 2016年）
・［男女共同参画白書］（内閣府男女共同参画局）
・［発達障害者支援法の施行について］（文部科学省 2005年）
・［発達障害者支援法の一部を改正する法律の施行について］（文部科学省 2016年）
・［配偶者からの暴力の防止及び被害者の保護等に関する法律］（内閣府男女共同参画局）
・［育児・介護休業法について］（厚生労働省）
・［在宅介護のお金と負担 2016年調査結果］（家計経済研究所 2016年）
・［若者の生活に関する調査報告書］（内閣府 2016年）
・［久山町研究 2005年文献 脳梗塞の初発後10年の再発率は、くも膜下出血の再発率より有意に低い］（ライフサイエンス出版）
・［88 脳卒中の再発を防ぐ］（国立循環器病研究センター）
・［平成28年 国民生活基礎調査の概況］（厚生労働省 2016年）

・「平成29年版 高齢社会白書」（内閣府 2017年）
・「第1回 全国在宅医療会議」資料（厚生労働省）
・「在宅医療、2025年に100万人超 厚労省推計」（朝日新聞 2018年1月）
・「医療的ケアを要する要介護高齢者の介護を担う家族介護者の実態と支援方策に関する調査研究事業報告書」（日本訪問看護振興財団 2012年）
・「在宅医療ケアが必要な子どもに関する調査」（みずほ情報総研 2016年）
・「学校教育法（昭和二十二年三月二十九日法律第二十六号）」（文部科学省）
・「教育基本法ってどんな法律？」（文部科学省）
・「年度別調査研究一覧」（全国訪問看護事業協会）
・「平成26年（2014）患者調査の概況」（厚生労働省）
・「心の健康問題と対策基盤の実態に関する研究」（国立保健医療科学院）
・「うつ対策推進方策マニュアル（概要）」（日本生産性本部）
・「第8回『メンタルヘルスの取り組み』に関する企業アンケート調査結果～「心の病」の多い世代で20代が急増。各世代共通の課題に～」（日本生産性本部 2017年）

・［平成28年中における自殺の状況］（厚生労働省、警察庁　２０１７年）
・［ひきこもりに関する全国実態アンケート調査の報告］（ＫＨＪ全国ひきこもり家族会連合会）
・［ひきこもりの実態に関するアンケート調査報告書］（ＫＨＪ全国ひきこもり家族会連合会）
・［学校教育法等の一部を改正する法律の公布について］（文部科学省　２００６年）
・［特別支援教育をめぐる近年の動向「障害者の権利に関する条約」の締結に向けて］（国立国会図書館　２０１０年）
・［労働力調査（詳細集計）平成28年（２０１６年）平均（速報）］（総務省統計局　２０１６年）
・［平成29年版　少子化社会対策白書］（内閣府　２０１７年）
・［平成25年度「家族と地域における子育てに関する意識調査」報告書］（内閣府　２０１４年）
・［ダブルケアに関する調査２０１７］（ソニー生命保険　２０１７年）
・［公立小の制服にアルマーニ　銀座・泰明小　一式8万円、保護者「なぜ」］（東京新聞　２０１８年2月）
・［国勢調査による最近の有配偶無子女性の動向］（総務省統計研修所　２０１１年）
・［戦後社会保障制度史］（厚生労働省
・［医療介護総合確保推進法（介護部分）の概要について］（厚生労働省　２０１４年）

・「2015年の高齢者介護 高齢者の尊厳を支えるケアの確立に向けて」（厚生労働省）
・「平成24年版 厚生労働白書」（厚生労働省）
・「ニッポン一億総活躍プラン」（首相官邸）
・「ワンストップ福祉総合相談支援体制構築への取り組み」（静岡県富士宮市）
・「名張市地域福祉教育総合支援システム」（不登校情報センター）
・「東大など、三重県名張市と協力しエビデンスに基づく地域包括ケアシステムの実現に向けた取組みを始動」（日本経済新聞社 2017年4月）
・「名張版ネウボラ～妊娠・出産・育児の切れ目のない支援～」（三重県名張市）
・「広報なばり（2016年10月25日号）」（名張市秘書広報室）
・「名張市地域福祉教育総合支援システムの構築」資料（三重県名張市）
・「なごみの家」（東京都江戸川区）
・「平成28年度 多機関の協働による包括的相談支援体制に関する実践事例集「我が事・丸ごと」の地域づくりにむけて」（全国社会福祉協議会 2017年）
・「ワンストップ窓口設置による地域包括支援センターの機能拡充」資料（千葉県鴨川市）

・［月刊ケアマネジメント２０１５・11　我がまち　地域包括支援センター　第57回］（環境新聞社　２０１５年）
・［平成27年度　千葉県在宅医療連携拠点事業］資料（鴨川市福祉総合相談センター）
・［豊中市地域包括ケアシステム推進基本方針　地域共生社会をめざして～希望に満ちた未来の創造へ］資料（大阪府豊中市）

■著者
成田光江（なりた みつえ）
1963年生まれ。福井県立大学看護福祉学部看護学科准教授。一般社団法人みなと地域包括ケアシステム研究所代表理事、国際医療福祉大学小田原保険医療学部看護学科講師、日本福祉大学社会福祉実習教育研究センター講師、独立行政法人国立病院機構東京医療センター看護師、東京都港区医師会地域包括ケア研究会事務局長等を歴任。2011年、社会貢献型個人事業成田看護師・社会福祉事務所を設立。介護と育児の同時進行であるダブルケアの問題をいちはやく社会に訴え、1都1道10県で計103名へのアンケートやインタビュー調査を通じ「子育て・介護複合課題」に関する実態調査を行う等、先駆的研究を進めた。自身も壮絶な多重ケア地獄を味わった体験者。看護師および社会福祉士の資格を持ち、子育てと介護を両立しながら働く多くの女性が抱える課題を解決・改善するための場と地域包括連携支援システムをつくる活動に取り組んでいる。

複合介護 家族を襲う多重ケア

2018年5月30日　初版第1刷発行
著　者　成田光江
発行者　亀井忠雄
発行所　株式会社創英社／三省堂書店
〒101-0051　東京都千代田区神田神保町1-1
TEL　03-3291-2295
http://www.books-sanseido.co.jp/soeisha/
印刷・製本　中央精版印刷株式会社

ISBN 978-4-86659-000-4